Cómo ganar dinero con amazon KDP en español
3223 NICHOS
Guía completa para vender libros de bajo contenido en Amazon

O.Castellanos

Copyright © 2020 Oscar Castellanos
Todos los derechos reservados.
ISBN: 9798600585249

Advertencia

Este libro está diseñado para proporcionar información y motivación para los lectores.

Se entiende que el autor no se dedica a prestar ningún tipo de consejo psicológico, legal o ningún otro tipo de asesoramiento personal.

Las instrucciones y consejos en este libro no pretenden ser un sustituto para el asesoramiento. El contenido de cada capítulo es solo una forma de hacer las cosas que tiene el autor. No hay ninguna garantía expresa o implícita por el editor o del autor incluida en ninguno de los contenidos de este volumen. Editor ni el autor serán responsables de los daños y perjuicios físicos, psicológicos, emocionales, financieros o comerciales, incluyendo, sin exclusión de otros, espiral, el incidental, el consecuente y otros daños. Nuestros puntos de vista y derechos son los mismos.

Tienes que probarlo todo por ti mismo de acuerdo con tu propia situación, talentos e inspiraciones.

Eres responsable de tus propias decisiones, elecciones, acciones y resultados.

Oscar Castellanos

DEDICATORIA

Sobre todo, a mi familia, mi esposa que desde un principio confió en mí y en este negocio, ella ha trabajado muy duro para que yo pudiera dedicarme a diseñar y crear libros de bajo contenido.

Ahora estamos viviendo de esta gran familia que es Amazon, porque nos permite ganar mucho dinero con este tipo de negocio.

Para ti cariño.

CONTENIDO

Mi historia – Por qué empecé este negocio.

Paso 1 – Hacer un buen planner semanal.

Paso 2 – Investigación de nichos.

Paso 3 – Palabras clave y categorías.

Paso 4 – Hacer una campaña de publicidad.

Paso 5 – 3223 nichos ordenados por familias.

En este libro encontrarás la manera de hacer mucho dinero utilizando la mayor plataforma de venta en línea del mundo. AMAZON, y siguiendo esta guia, el éxito lo tienes en tus manos.

Ahora no tendrás la excusa de decir que no tienes ideas para hacer tus journal, notebook, diarios, agendas, etc., en este momento me encuentro ganando unas sumas mensuales de cuatro cifras al mes. Esto a la fecha en la que estoy escribiendo este libro.

Aquí encontrarás una guía completa paso a paso de cómo yo realizo mi trabajo diario, el software que utilizo, las webs, y las apps.

Podrás aprender a buscar las mejores palabras clave y categorías, explico en profundidad cómo crear una campaña de publicidad.

Si quieres aprender a crear tus libros de bajo contenido y tener éxito con ellos. Con esta guía estarás preparado/a para conseguirlo. también te recomiendo que lo hagas por ti mismo, tampoco tienes que hacerme caso de todo lo que pongo en este libro. investiga y haz caso también a tu intuición.

Hay muchos métodos y no los puedo explicar todos aquí, en esta guía explico mi método.

Y ahora, sobre todo. ¡diviértete!

En el título ponemos que son 3223 nichos para vender en Estados Unidos, pero en realidad no es solo en este país, ya que esos mismos nichos también se venden en UK, FR, ES, IT, CA y alguno más. Solo tienes que traducirlos.

Tambien comentar que el libro tiene el titulo de 3223 nichos, pero en realidad tienes 3631 nichos. Ahí tienes el primer regalo.

Tienes más al final del libro.

Supongo que quieres saber cómo lo logré, pues no te puedes perder ni una sola hoja de este libro ya que dentro de él están todos los sistemas que utilizo para lograrlo.

¿Por qué no puedes perderte ni una sola página de este libro?

Porque tendrás acceso a una cantidad importante de información que voy a compartir contigo.

POR QUÉ EMPECÉ EN ESTE NEGOCIO

Me gustaría contarte un poco mi historia, si no te interesa puedes pasar estas hojas, pero estoy seguro que aprenderás algo muy importante, una lección de vida. Y sé que será la misma que muchos de vosotros.

Yo siempre he estado vinculado al mundo del diseño, soy diseñador 3D hiper realista, y seguramente os estaréis preguntando, ¿cómo un diseñador 3D está haciendo libros de bajo contenido?

Pues bien, todo empezó en el año 2007 cuando el mundo empezó a entrar en una crisis económica muy dura, estoy seguro que la mayoría de vosotros sabéis de lo que estoy hablando.

Entonces el estudio de 3D que tenía empezó a dejar de recibir proyectos, cada vez eran menos, hasta que un día un amigo me comentó, - por qué no me ponías las pilas para vender artículos por internet-, -es el futuro – me dijo, y tenía toda la razón. Entonces empecé a indagar por internet, ¿Cómo vender por internet? Vivir de internet, trabajar desde casa ganando dinero con internet. Bueno me puse la cabeza super saturada de información.

Al día siguiente lo mismo, más información y más información hasta que di con algo que me pareció interesante… Amazon. Las palabras exactas eran COMO VENDER EN AMAZON.

Lo vi muy interesante ya que sabía que Amazon eran una gran multinacional y que estaba pegando super fuerte, seguí investigando de cómo y que tenía que hacer para vender en Amazon.

Vi varios cursos, me gasté mucho dinero en ellos y tengo que decir que hasta que encontré el último… los demás eran pura basura.

Ya cuando lo encontré, resulta que era muy caro, $600 solo el curso. Los otros eran más baratos, pero como digo-pura basura-. Que sí que está muy bien y te enseña todo, absolutamente todo lo que tienes que hacer para poner tu producto a la venta en Amazon, pero lo que no he dicho es que era para hacer FBA.

Para los que no saben lo que es FBA, es una modalidad para vender en Amazon. Pues me apunté, hablé con mi mujer la cual me apoyó y empecé hacer el curso, dos meses de curso. Tengo que decir que es muy completo y que cada fase es única y la tienes que hacer bien hecha, ya que muchos fallan y este negocio no es para todos. Es un negocio REAL, en el que vas a poner mucho dinero en juego, tienes que hacer un pedido a china, con unas cantidades mínimas… el proveedor te las exige (siempre puedes negociar con ellos) estoy seguro que llegarás a un acuerdo.

Cómo ganar dinero con amazon KDP en español

Bueno en resumidas cuentas me gasté $3000 recuperé $2000 y cerré mi cuenta, y estaréis diciendo, pero si el curso es tan bueno ¿cómo es que no te funcionó?, pues por la sencilla razón que no tuve en cuenta dos cosas que mi producto no tenía. Gracias a dios recuperé $2000 de la inversión, con lo que estoy más que satisfecho de los resultados ya que fue toda una experiencia y de todo se aprende, claro.

Entonces dejé de lado por un tiempo esto de vender por internet y conocí una persona que fue la que me arruinó. Si, como lo oyes, arruinado.

Te voy a dar el mayor consejo de tu vida, nunca, nunca pero nunca te asocies con alguien. Vas a encontrar muchos lugares en internet que te dicen que solo no llegarás, y tengo que decir que para ciertos negocios si es verdad, pero…. Me costó muy caro esa lección. Este individuo me robó los ordenadores, dejó pagos sin hacer (una odisea) y no la de 2001.

Estoy seguro que estarás pensando que por qué cuento esto y por qué no voy a lo que voy, pues porque desde ese momento pensé que solo haría negocios que no me costaran dinero… o lo menos posible.

Después de la ruina, con dos hijos y mi esposa…. ¿Qué os puedo decir de ella? la chica más luchadora del mundo, ya que seguía apoyándome y no podía fallar otra vez.

Entonces empecé a buscar negocios por internet sin invertir dinero, y plof ahí apareció MBA o lo que es lo mismo Merch by Amazon. Es una sección que tiene Amazon en la que vende camisetas, sí camisetas. Tú las diseñas, las subes y le pones el porcentaje que quieres ganar. Amazon se encarga de todo, las imprime, y las envía.

Para mí eso fue la leche, sabia diseñar y solo tenía que invertir…TIEMPO. Solo tiempo y como no estaba haciendo nada, no tenía trabajo pues me dije adelante.

Pues empecé hacer diseños y los subía, les ponía una descripción con el traductor de Google y listo.

Como podréis suponer no vendía nada, ya que como en el mercado de los libros de KDP se tiene que hacer una investigación para saber que nichos son más rentables.

Bueno pues seguí haciendo diseños para Merch y se notaba que cada vez tenía más ventas y más ventas, entonces me subieron de TIER. El tier en Merch es la cantidad de diseño que te deja subir Amazon, la cosa es ir subiendo de tier para tener más capacidad para meter diseños.

Y un tiempo después me enteré de KDP, vamos que ya lo conocía, pero no de la forma que quería, una amiga me dijo, ¿por qué no haces libros de bajo contenido y los vendes en Amazon? Me quedé con la boca abierta, ¿que también lo puedo hacer con libros? Camisetas y libros sin invertir nada de dinero, solo TIEMPO.

Y entonces es cuando empecé a crear mis libros de bajo contenido, hasta ahora después de un año y medio ya tengo más de 500 libros y teniendo una facturación de cuatro cifras al mes. Pero tengo que decir que esto es escalable, cuantos más diseños metas más posibilidades de venta tienes, y por ende más ganancias. Decir también, que si metes muchos diseños, pero no gustan, no vas a vender nada por muchos que tengas. Por eso céntrate en hacer buenos diseños y diferenciarte de los demás. Yo personalmente prefiero que mis clientes tengan calidad a cantidad.

Ahora vamos hacer unas cuentas para saber lo que podrías ganar con tus 3223 libros.

Si tenemos 3223 libros a una media de $1.90. 3223 x 1.90 = $6123.7, También sé que no harás todos los nichos, por eso te lo voy a exponer de otra manera. Haz cien libros que tengan cincuenta dólares al mes en ventas cada libro. 100x50= 5000 dólares.

¿Se ve muy fácil verdad? pero tengo que decir que esto no es tan fácil de hacer, tienes que tomarte muy en serio este negocio ,hacerte un planner para todos los días y seguir esa planificación con mano dura.

Me gustaría comentaros estas dos leyes o principios. ¿Para qué es esto? pues para que cuando te pongas hacer este negocio, lo hagas lo más concienciado posible. Con estas leyes o principios que os pongo a continuación lo podréis lograr.

La primera en el **principio de Pareto o regla 80/20**.

1906 – Vilfredo Pareto se dio cuenta que el ochenta por ciento de las propiedades las tenían el veinte por ciento de la población. Aquí es donde nace el Principio de Pareto o la regla 80/20.

Como podemos definir este principio o regla, lo explico ahora mismo.

Este principio lo puedes aplicar a cualquier situación, negocios, amor, desarrollo personal.

Pero nos vamos a enfocar en nuestro negocio, libros de bajo contenido. ¿Cómo podemos hacer que nuestro negocio de KDP funcione mucho mejor?

Cuando nosotros estamos creando nuestros libros de bajo contenido y ya tenemos unos cien libros creados, tenemos que parar y pensar qué libros nos están dejando dinero, ¿Cuáles son los que nos están dando ganancias? Estoy seguro que será un veinte por ciento.

Solo tenemos que coger ese veinte por ciento y hacer más de esos libros, porque ese veinte por ciento nos está dando el ochenta por ciento de nuestras ganancias. Solo hazte esta pregunta.

¿Qué 20% de mis libros me está dando el 80% de mis ganancias? Ahora solo tienes que enfocarte en ese 20%, de esa manera lograremos tener más ventas. Esto no quiere decir que no hagas cosas nuevas con nuevos nichos, siempre hay que estar creciendo.

Esto se traduce en productividad. Así sabremos donde nos tenemos que enfocar y hacer más libros.

Esto lo tienes que aplicar también a tu vida diaria, ya que el ochenta por ciento del tiempo lo desperdiciamos y solo estamos concentrados el veinte por ciento, identifica el ochenta por ciento que te está robando tu tiempo. Y solo céntrate en el veinte por ciento que te permite sacar tu negocio adelante.

En YouTube puedes encontrar muchos videos sobre esta ley. Si no te quedó muy claro como lo expliqué, solo busca en Google.

La otra es, y esta me encanta. La Ley de Parkinson.

No tiene nada que ver con la enfermedad de Parkinson, ese nombre viene por al apellido de su descubridor, un británico que se llamaba Cyril Northcote Parkinson, en 1957. Y afirma que "el trabajo se expande hasta llenar el tiempo disponible para que se termine".

Yo al principio no lo terminaba de coger (no lo entendía). Entonces mi jefe por aquel entonces me lo expuso de la siguiente manera, y yo ahora os la paso a vosotros.

Yo tenía que hacer un trabajo y me comentó, tienes dos días para terminar ese proyecto.

Yo cuando vi y estudié ese proyecto, ya sabía lo que podría tardar, y era menos de dos días. Que paso aquí, que yo tardé mis dos días porque esa fue la fecha que me puso mi jefe.

Entonces y aquí viene la Ley de Parkinson. Me dijo me jefe, Oscar por favor puedes venir, y allí sentado frente a él me dijo.

Oscar tengo otro proyecto muy parecido al anterior, pero en este proyecto solo tenemos siete horas para entregarlo, si no lo entregamos a tiempo… tengo que despedirte.

¿Sabéis lo que paso verdad? Ese proyecto estuvo terminado en seis horas.

¿Qué paso? ¿Por qué un proyecto de dos días lo terminé en seis horas? porque mi trabajo dependía de ello. Tenía que hacer lo posible por no perderlo, se agudizaron los sentidos, no perdí nada de tiempo, solo estaba concentrado en eso un 100%. Esto señoras y señores es PRODUCTIVIDAD. y mi jefe me enseñó esta ley de esta manera. Tengo que decir que seguí trabajando en esa empresa.

Esta ley solo nos está diciendo que perdemos mucho tiempo en otras cosas que no tienen importancia y acabamos rellenando de alguna manera todo el hueco de nuestra agenda para justificar que trabajamos todo el día.

Y sin embargo tendría que ser todo lo contrario, tenemos que concentrarnos tanto que terminemos nuestros proyectos lo antes posible para hacer otras cosas, ya sea irte con tu hijo al parque, salir a correr, o seguir con otro proyecto.

Espero que estas leyes y principios os sirvan, tanto como me sirvieron y me siguen sirviendo a mi.

Por lo tanto, creo que ya tenemos que ir al grano, que después de contaros el rollo que os he soltado tendréis ganas de empezar.

Bueno antes de empezar a explicarte nada, doy por hecho que ya tienes tu cuenta de KDP creada. Si no es así, tienes que ir a amazon.es bajas hasta el pie de página y en la parte derecha tienes que tener un enlace a **Kindle Direct Publishig**. Tienes que hacer clic ahí.

Te llevará a otra página, en la parte derecha tienes que tener dos botones, uno para iniciar sesión y otro para registrarte. Tienes que registrarte.

No es nada complicado, solo tienes que poner los datos que te valla pidiendo y listo. Si tienes algún tipo de problema, al final del libro dejo un mail en el que puedes mandarme las preguntas que quieras.

Ahora si, empezamos.

PRIMER PASO
HACER UN BUEN PLANNER SEMANAL

Busca en Pinterest PLANNER, y haz un diseño para ti, después apunta de lunes a domingo los pasos a seguir. Te voy a decir como lo tengo yo por si lo quieres hacer igual. Al final del libro tienes un mail. Ponte en contacto conmigo y te lo mandaré junto a otros archivos.

Tengo que decir que esta parte es muy importante, ya que seguir el planing te garantizará el éxito.

LUNES: Investigar dos nichos o subnichos nuevos, también es bueno investigar a otros seller (vendedores o autores).

Esto yo lo hago de dos formas, lo primero es buscar nichos y ya los tenemos. Ahora solo tenemos que ver los que más se venden que normalmente son los primeros. Lo abriremos en otra ventana y presionamos en el autor.

Cuando hacemos clic en el autor nos sale una lista de todos los libros que tiene, lo que hacemos es ver los diseños y hacer nosotros los mismos, pero modificando las fuentes e imágenes, le daremos nuestros toques.

Entonces de 9:30 a 13:30 hago la investigación.

Os recuerdo que yo tengo dos niños y tengo que cuadrar mis horarios con los de ellos, así que por la tarde no tengo mucho tiempo y me pongo un rato después de cenar (una hora) de 10:00 a 11:00, para terminar un libro que estoy escribiendo.

MARTES: Este día lo tengo para **mirar y coger referencias** de los nichos que busqué el día anterior. ¿Dónde los busco? En Google, Pinterest, el mismo Amazon, Instagram, y unas páginas que venden, fuentes, gráficos, crafts para que puedas hacer tus libros, siempre que no sepas diseñar o tengas que hacer algo rápido y no tengas tiempo para hacer el diseño te recomiendo que te pases por estas páginas, y también te vale para coger ideas para tus diseños, pero como ya sabéis es en Pinterest donde más cosas encuentro. Por aquí os pongo las webs:

Cómo ganar dinero con amazon KDP en español

www.google.com
www.zazzle.es
www.designbundles.net
www.etsy.com
www.pinterest.com
www.creativefabrica.com

Entonces los martes de 9:30 a 11:00 **busco referencias para hacer mis diseños**. No copies, solo busca algo que te guste y que veas que se vende y hazlo a tu manera.

De 11:00 a 13:30 hacer los diseños, eso lo tengo que hacer los miércoles, pero si tengo este tiempo libre lo aprovecho para hacer los diseños, que no da para mucho, pero con una página web con la que trabajo me permite hacer unos diseños muy rápidos. Puedo llegar hacer quince diseños en un par de horas.

Book bolt
Por aquí os la pongo:
https://bookbolt.io/252.html
Con este link tenéis en 20% de descuento.

Para saber cómo puedes hacer las portadas y el funcionamiento de esta página web, podéis entrar a mi canal de YouTube en el que lo explico todo. Solo tenéis que hacer una búsqueda en YouTube poniendo (Mundo KDP) Ahí está toda la información.

Por la tarde de 16:30 a 17:30 sigo con los diseños y los termino (trato por todos los medios de terminarlos). Después tengo que llevar al más pequeño de casa a una extra escolar. Y ya después cuando llego a casa... a la ducha la cena y cuando los niños están durmiendo a las 10:00 me pongo a escribir el libro, solo me pongo una hora al día.

MIERCOLES: De 9:30 a 13:30 **tengo que hacer diez diseños** de las carátulas de los libros, serían veinte diseños ya que siempre o en la mayoría de los casos busco dos nichos, con lo que hago diez diseños por nicho. Los miércoles el más pequeño no tiene extra escolares, con lo que aprovecho ese día al máximo para hacer las carátulas de los libros.

Cómo ganar dinero con amazon KDP en español

También tengo que hacer los diseños de los interiores, aunque la verdad es que suelo usar mucho los que ya tengo diseñados.

En la web de Book bolt también tiene muchos interiores ya prediseñados con lo que solo tendrás que bajarlos. Como ya os comenté antes con esa web se trabaja mucho más rápido. Yo en un día bueno puedo llegar a los treinta y cinco diseños.

A no ser que quiera algo nuevo, no hago otro interior. Esta web es una maravilla ya que te acelera el trabajo en más de un 50%. Siempre que el nicho que vayas a hacer esté en los diseños que tienen, que ya te digo que tiene muchos.

Aquí te pongo una imagen para que veas, solo se ve esto en la imagen, pero te prometo que hay más de cien diseños diferentes.

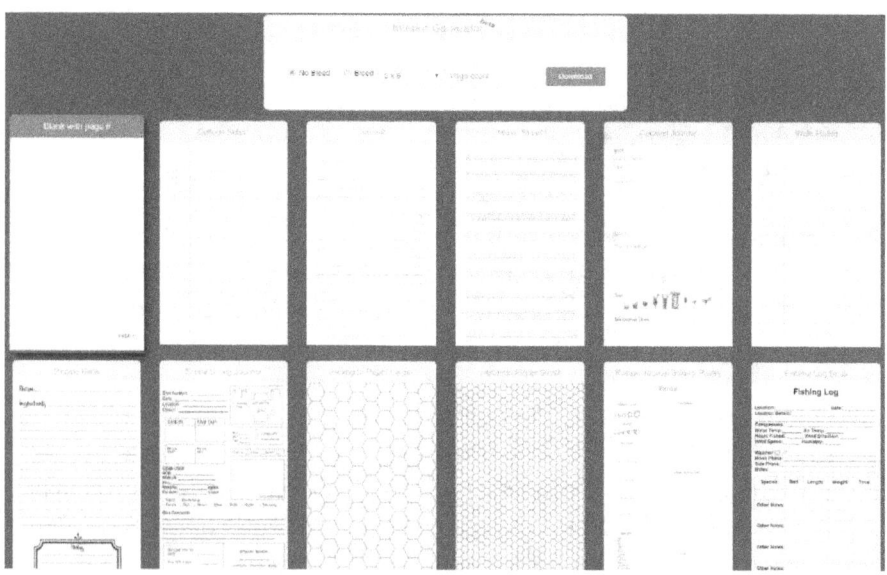

Por aquí os la pongo:
https://bookbolt.io/252.html
Con este link tenéis en 20% de descuento.

JUEVES: Los jueves eran los más laboriosos, digo eran porque me compré otro Soft con el que me ahorro mucho tiempo en esto. Si amigos, si queréis ir más rápido, tenéis que comprar estos programas que os digo.

Tampoco los tienes que comprar al principio. La investigación la puedes hacer a mano, pero te llevara más tiempo.

Es la investigación de palabras clave, y la búsqueda de las categorías... sí, las categorías. Tienes que saber dónde poner tu libro, en que categoría te puede ir mejor que en otra. Y te digo que es importante.

No sé si es la primera vez que vas a crear este tipo de libros de bajo contenido, pero si lo es como si no, cuando nosotros estamos subiendo nuestro libro a KDP, en categorías nos da la opción de poner dos categorías. Pues bien, tienes que saber que después de la aprobación del libro, puedes ponerte en contacto con la gente de Amazon KDP para que te pongan, hasta en diez categorías. Esto quiere decir que, si pusiste dos, puedes poner otras ocho categorías más. Esto es increíble ya que tienes la posibilidad de tener más ventas si lo haces inteligentemente. También puedes llegar a tener un Best Seller en poco tiempo.

Más adelante explicaré cómo hacerlo, como os comenté antes yo lo hacía a mano, y ahora lo hago en el soft este:

PUBLISHER ROCKET
Aquí dejo el enlace por si lo queréis comprar.
http://bit.ly/2ZrBLiL

Lo que si os digo que hacerlo a mano y hacerlo con el soft os podréis ahorrar como un día de trabajo o algo más. Yo tardo ahora en hacer una investigación para un nicho entorno a una hora o dos. Con todo, con mil palabras clave por si quiero hacer AMS (cosa que os recomiendo) ahora os explicaré un poco, Rocket tiene cuatro secciones. Cuando abres Rocket te encuentras con una interface muy intuitiva y amigable.

En la siguiente imagen podréis ver su interface.

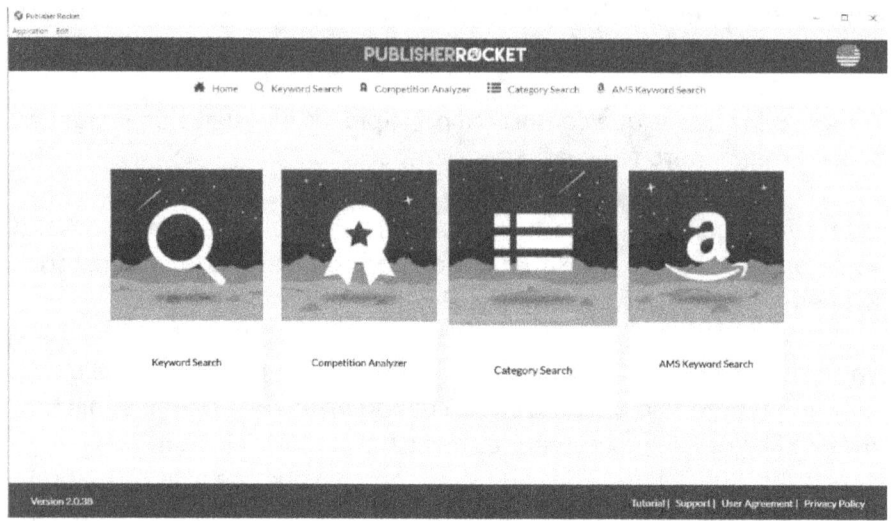

Una y las más importante para mí es, Keyword Search. Aquí nos da todas las palabras clave que está utilizando la gente para buscar los libros.

Si pinchamos en Keyword Search nos saldrá una ventana donde pondremos la palabra clave que queremos usar. Puede ser una sola palabra o una long tail (palabras de cola larga).

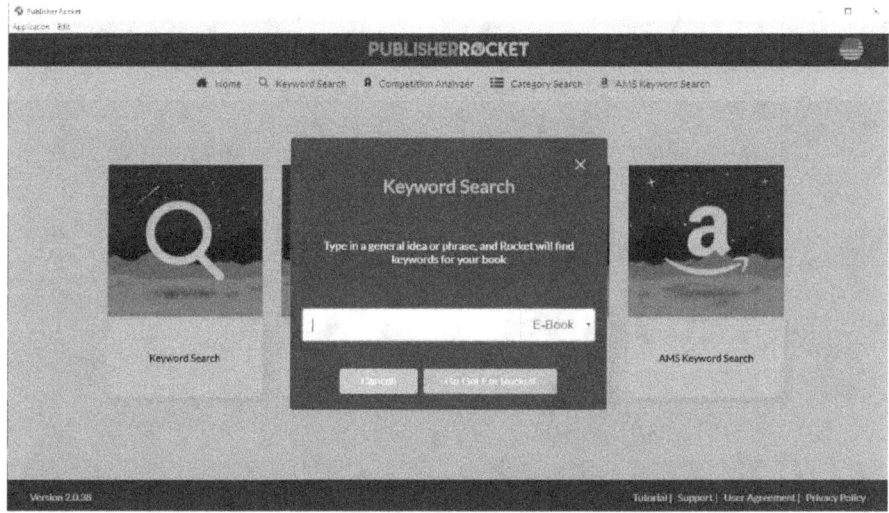

Pondremos la palabra clave que queremos investigar.
Una vez que tengamos nuestra palabra clave tendremos que seleccionar justo a la derecha si queremos hacer una búsqueda como E-book o de Book. Nosotros le tenemos que decir Book, ya que lo que estamos buscando son libros de bajo contenido y los libros de bajo contenido no se pueden poner como E-Book. Como ya sabéis vamos hacer journal, notebook, libros de colorear y muchas cosas más y estos libros no tienen contenido, bueno en realidad si lo tienen, pero de otro modo, líneas, dibujos, diseño para un recetario y muchas cosas más.

Si nos fijamos en las flechas, es en esa zona donde tenemos que poner las palabras clave y donde ponemos o seleccionamos Book.
Seguidamente le daríamos en el botón: Go Get Em Rocket.

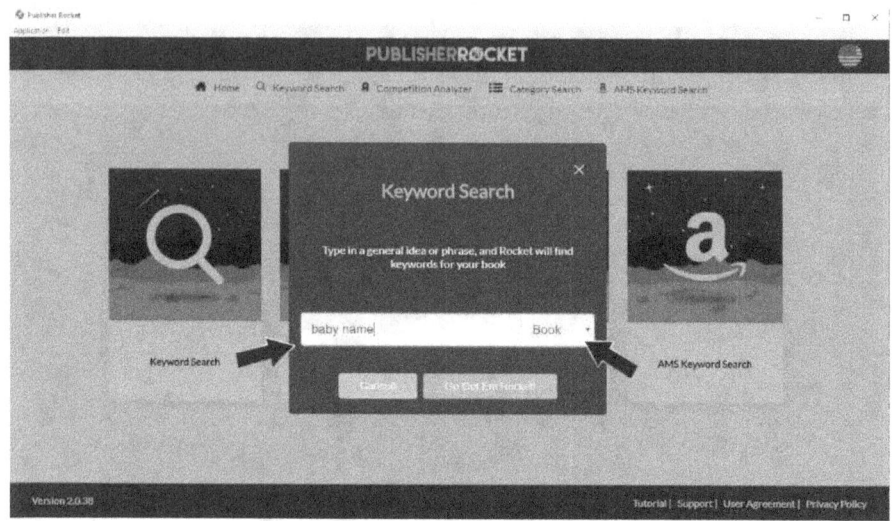

Cuando termine de hacer la búsqueda nos tiene que aparecer algo como ves en la siguiente imagen.

En esta imagen verás una serie de flechas, vamos a ir explicando de izquierda a derecha.

En la parte izquierda tenemos las palabras clave que nos encontró este software y que son búsquedas que realiza la gente cuando entra en Amazon, para buscar los libros que les interesan. Son esas palabras clave las que vamos a poner en los siete apartados que nos da KDP para poner nuestras palabras clave.

Cómo ganar dinero con amazon KDP en español

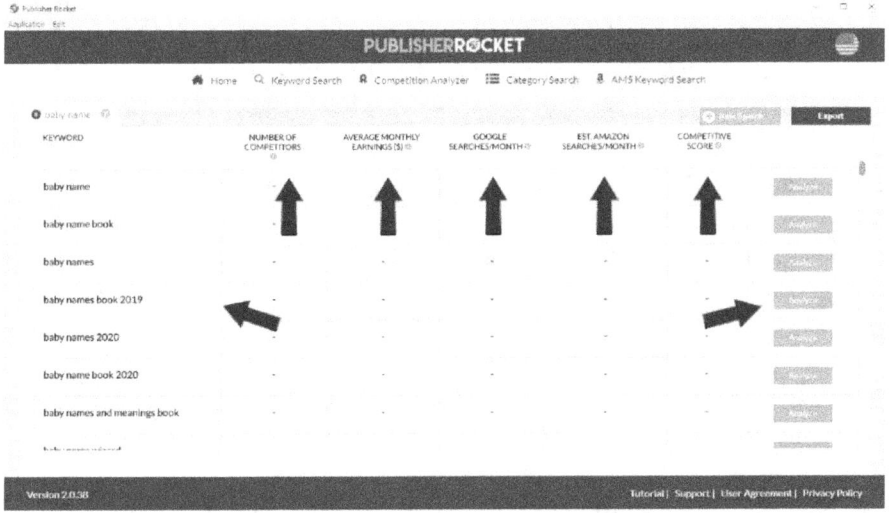

La siguiente flecha nos dará el número de competidores que tenemos con esa palabra clave.

Yo personalmente cuando exporto el documente en Excel solo escojo los que tienen menos de novecientos o como máximo mil.

Como les digo a mis amigos, siempre por debajo de novecientos si puede ser, con este software estoy seguro que vas a encontrar muchos diamantes (como yo les digo) son palabras clave que tienen muy poca competencia y que tienen un nivel muy alto de búsquedas y ganancias.

Sigamos con la explicación, en la siguiente flecha nos está dando un dato muy importante, son las ganancias que tienen esos libros, tengo que decir que esa cantidad que sale en todas estas secciones son estimaciones. Esto quiere decir que aproximadamente tienen esas ventas o ese número de búsquedas, o esas ganancias.

Seguimos en la sección de ganancias o AVERAGE MONTHLY EARNINGS en inglés. Aquí nos está diciendo la cantidad aproximada de las ganancias que tienen los libros que están en la primera y segunda página. Y no quiere decir que esa cantidad de ganancias se divida entre esos libros que están en esas posiciones.

Esto quiere decir que habrá libros que vendan cinco al mes y otros que vendas 342 libros al mes. En esta sección no nos lo dice. Eso está en la sección de **COMPETITION ANALYZER** (analizar la competición)

Sigamos con la siguiente flecha, aquí nos da el resultado estimado en las búsquedas que tiene Google. Esto nos viene muy bien porque todos sabemos y si no te lo digo yo. Amazon se gasta mucho dinero en publicidad para aparecer en las primeras posiciones en Google. Con lo que si hay búsquedas en Google es bueno. Tengo que decir que no suele dar resultados de Google, nos pone N/A.

Para asegurarte te recomiendo que vayas a Google y lo compruebes por ti mismo.

La siguiente flecha es muy importarte, porque en esta ocasión nos está dando las búsquedas estimadas que tiene Amazon. **EST. AMAON SEARCHES / MONTH**. Nos está dando el número de veces que la gente está buscando esa palabra clave por mes, repito que es una estimación.

Pero tengo que decir que es el mejor software que compré y el que mejor da las estimaciones.

La siguiente flecha es la de **SCORE**. Aquí nos da una cantidad, un número desde el cero hasta el cien.

Esto quiere decir que el cero es muy fácil entrar y que nuestro libro estará en la primera página si o si, y cien es que está muy complicado entrar con esa palabra clave.

Yo en lo personal, a esta sección no le suelo hacer caso, porque me rijo más por la sección de número de competidores (flecha dos).

Cuando estás haciendo libros de bajo contenido tenemos que pensar más en la competencia que tiene esa palabra clave o ese nicho. Pues bien, yo lo que hago es eso, me rijo por la competencia que hay y con esto me estoy ganando también la primera página. Porque estoy seleccionando palabras clave que no tienen más de mil competidores.

Si pueden ser menos mejor, que las hay, esos son los diamantes que yo digo.

Y la siguiente flecha es un botón que pone **ANALYZE** (analizar) cuando presionamos en él es cuando nos da toda la información que he ido explicando anteriormente de las flechas. En la siguiente imagen se ven los resultados.

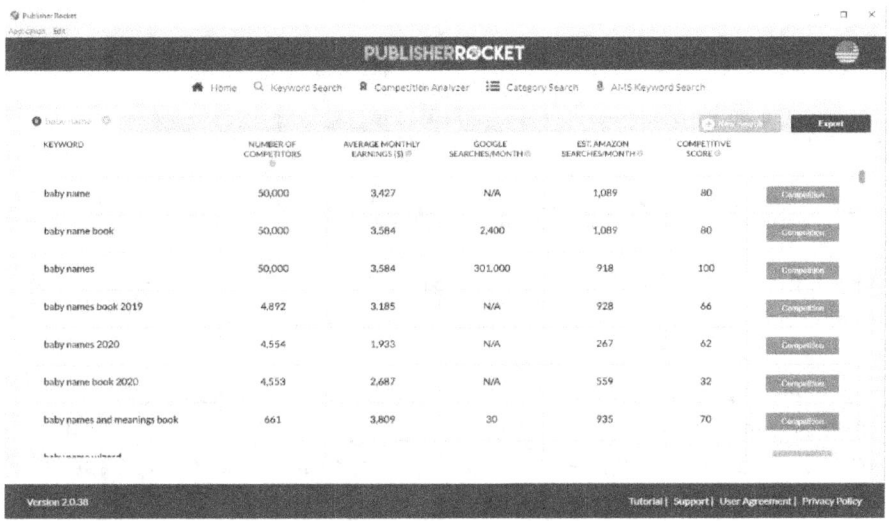

Ya tenemos el resultado de las palabras clave, ahora podemos coger alguna que nos interese y poder ver los competidores que tiene esa palabra clave. Si presionamos el botón de la derecha, donde pone COMPETITION, nos lleva a la sección de COMPETITION ANALYZER.

Aquí nos está dando mucha información ya que nos dice el competidor que más está vendiendo y en el que nos tenemos que fijar.

¿Qué tenemos que mirar aquí?

Cómo ganar dinero con amazon KDP en español

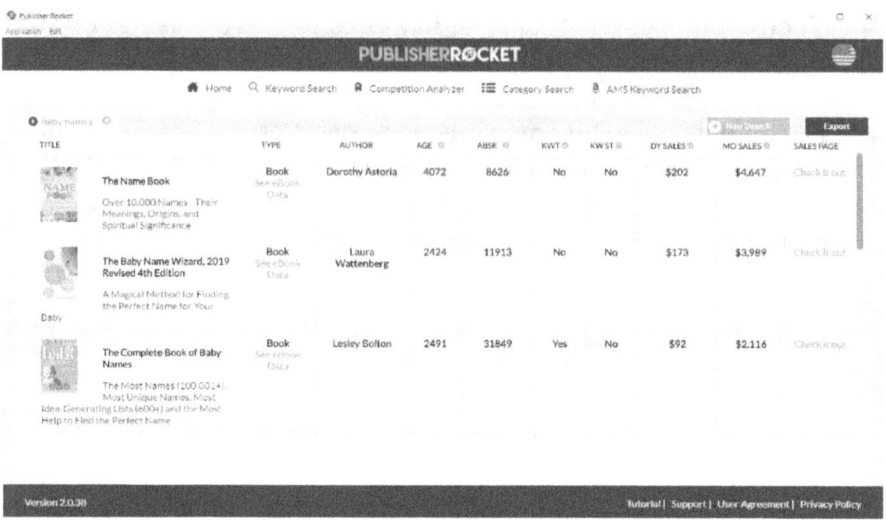

Aquí sobre todo nos tenemos que fijar en las COVER (portada, caratula) los diseños que tiene y si nosotros podemos hacer algo mejor que ellos.

Empezando por la izquierda tenemos la sección de **TITLE** (título) nos pone una imagen del libro, el título y el subtítulo. Si quisiéramos saber más sobre el autor solo tendríamos que presionar el botón que esta al otro lado, a la derecha, pone **CHECK IT OUT**. Nos llevaría a la página de Amazon donde esta toda la información del libro.

Siguiendo por la izquierda ,la siguiente sección es **TYPE**. Aquí nos dice si el libro es E-book o Book. Si presionamos sobre **SEE e-book Data** y el libro está en esas dos versiones, nos dará la información de según el tipo de libro tengamos seleccionado. Si Book o e-book.

La siguiente sección **AUTHOR**, que nos da el nombre de autor, y no hay más que añadir.

En la siguiente tenemos **AGE** (tiempo), aquí nos está diciendo el tiempo que lleva a la venta el libro en Amazon.

En la siguiente tenemos el **ABSR**, este es el Rank que tiene el libro, que como sabemos con el Rank podemos hacernos una idea de la cantidad de libros que se están vendiendo, pero con este software no nos hace falta porque ya nos lo está diciendo. Ahora llegaremos a esa sección.

En la sección de **KWT**, nos dice si la palabra clave con la que lo buscamos está en el título, nos dirá que SI o NO. Esto es muy importante porque si no lo tienen lo podemos poner nosotros.

SIEMPRE QUE NO ESTE REGISTRADO. Más adelante explico cómo comprobar si está registrado.

En la siguiente es lo mismo, pero en este caso es en el subtítulo. También nos dirá que SI o NO.

En **DY SALES**, nos da una estimación de las ventas diarias que tiene ese libro.

Y en **MO SALES**, nos da el número de ventas estimadas del mes.

En **SALES PAGE**, si presionamos sobre **CHECK IT OUT** nos llevará a la página de Amazon en la que está el libro. Ahí podremos ver el interior del libro, la descripción y otros datos más como ver en qué categorías tiene los mejores Rank.

Buscar las mejores categorías, este soft es una maravilla, porque te dice que categorías están más fáciles de posicionar y las que están más complicadas. Esto es muy bueno ya que, si tenemos la suerte de entrar en una categoría y tener ventas, nos podemos hacer con un BEST SELLER en poco tiempo.

Esto es una técnica, para conseguir un Best seller y esto es super importante, porque la gente automáticamente cuando ven que el libro es best seller tienden a comprarlo, ya que dan por hecho que el libro es bueno.

Pero sé que todos no tenemos dinero para invertir. Por eso os explicaré cómo lo hacía yo.

Quiero decir que no es muy costoso para el tiempo que te ahorra de trabajo. Todo es valorarlo.

Cómo ganar dinero con amazon KDP en español

Link para comprar Rocket:
https://ocastellanos--rocket.thrivecart.com/publisher-rocket/

Bueno, después de buscar las palabras clave que como digo ahora lo hago super rápido, exportamos las palabras clave en un Excel y en ese Excel hacemos un embudo para posicionar de menor a mayor en la celda de **COMPETENCIA**, en las siguientes imágenes puedes ver como se vería.

En la siguiente imagen vemos como nos está importando el Excel.

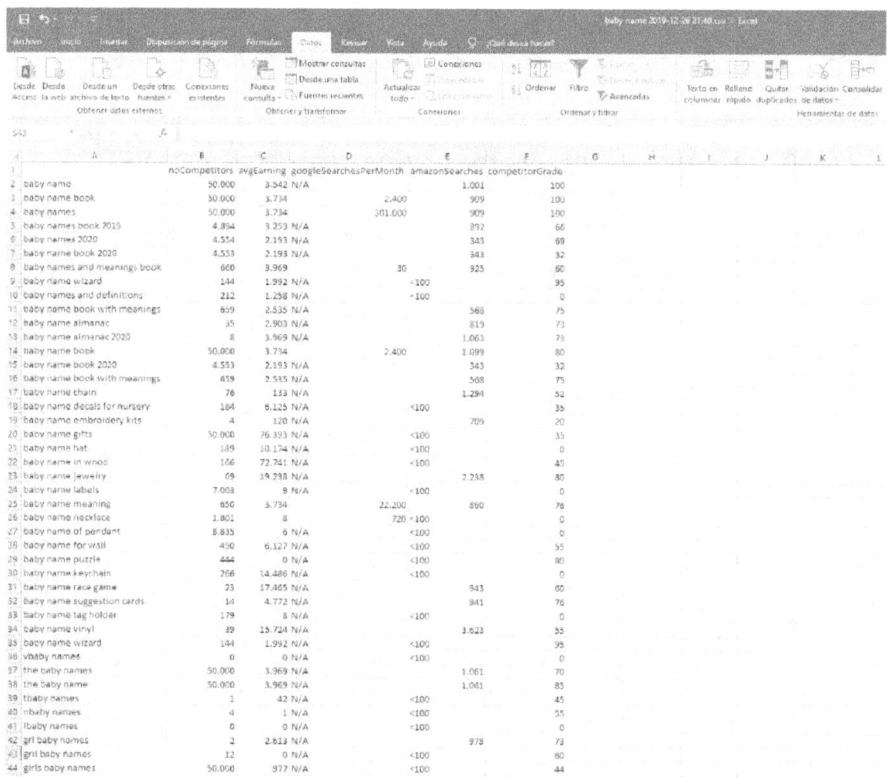

Tenemos que seleccionar la celda donde está la sección de competencia, cuando la tengamos seleccionada, vamos al menú>Datos y hacemos clic en Filtro.

Cómo ganar dinero con amazon KDP en español

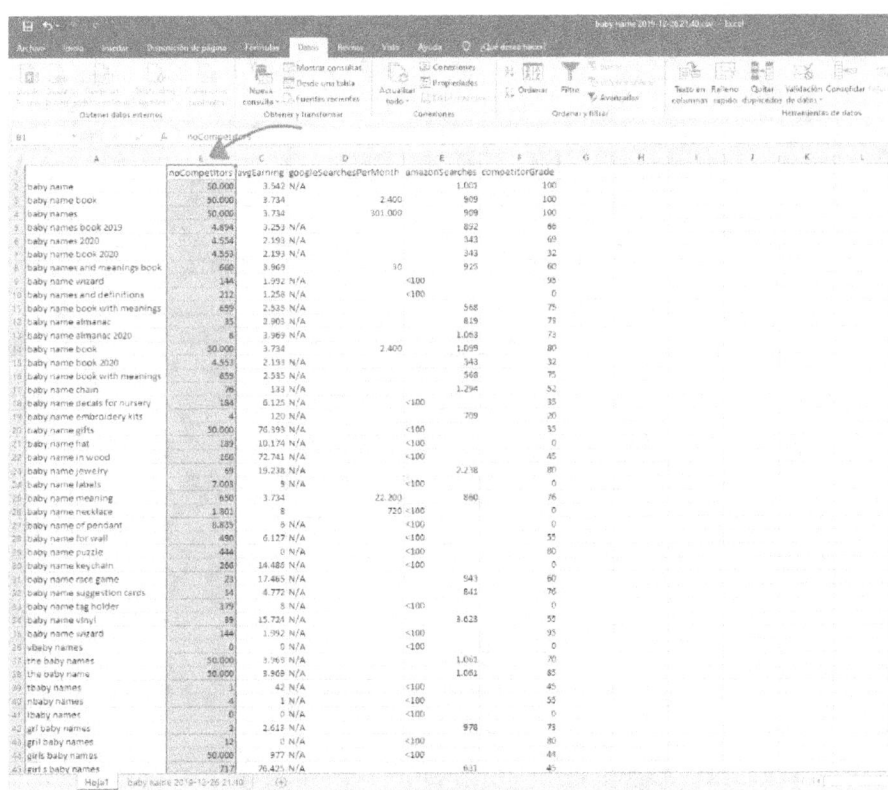

Cuando presionemos en Filtro veremos como en la celda de competencia nos sale una flecha, haremos clic en ella y seleccionaremos de menor a mayor (puedes hacerlo de mayor a menor) como tú te sientas más cómodo o cómoda. Le daremos a aceptar.

Cómo ganar dinero con amazon KDP en español

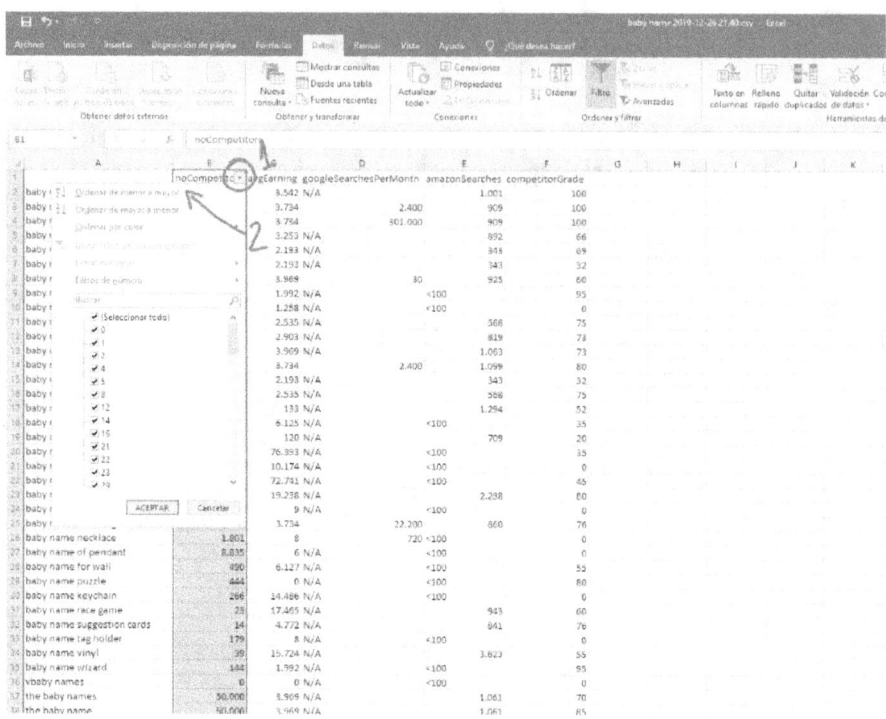

Y en la siguiente imagen tendremos todo ordenado de menor a mayor, como veis en la imagen os pongo las palabras más relevantes. Como ya expliqué anteriormente y que ahora señalo con las flechas, podéis ver las búsquedas que tienen en Amazon y el número que competidores.

Como podéis ver este software (ROCKET) es magnífico porque nos está dando mucha información y muy relevante, ya que nos está adelantando mucho el trabajo y nos da una información que poca gente tiene.

No sé si estaréis de acuerdo conmigo, pero por el precio que tiene, ya estáis tardando en comprarlo.

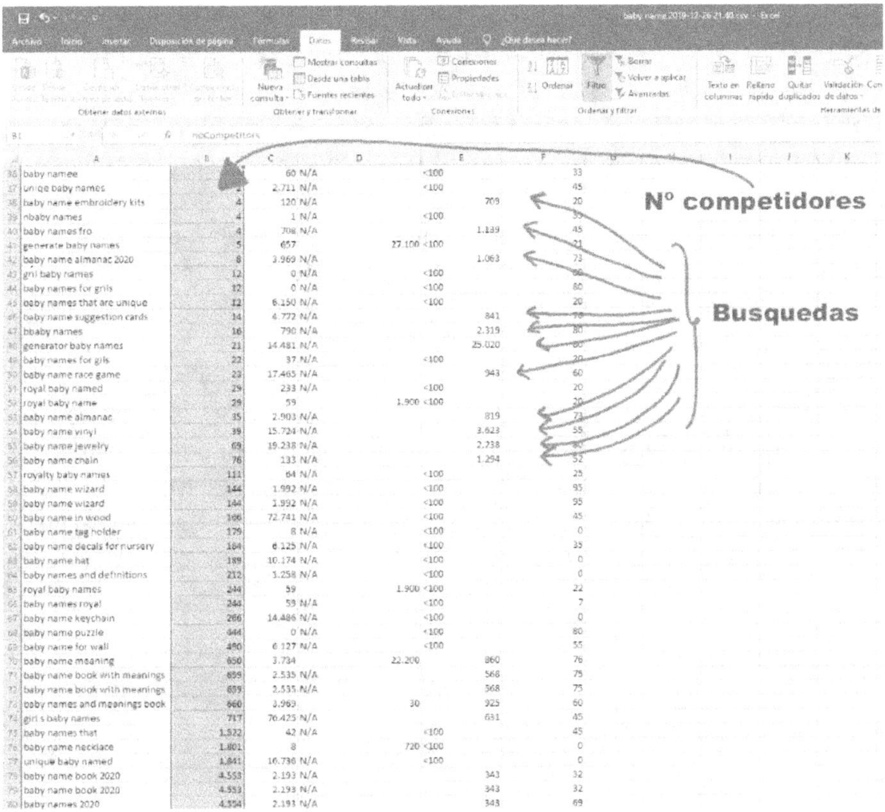

Cómo ganar dinero con amazon KDP en español

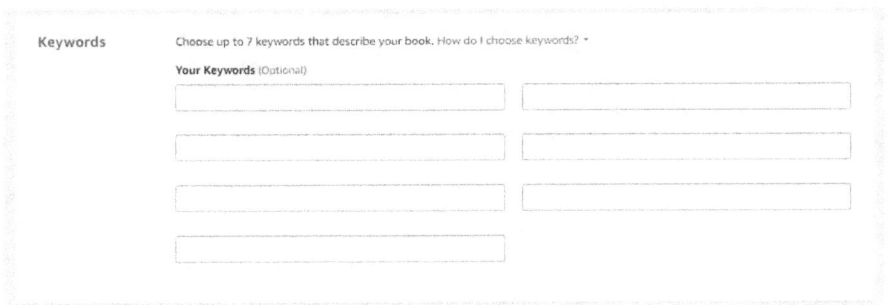

Ahora es el momento en el que tenemos que elegir las siete palabras que queremos poner en los siete espacios que nos deja KDP, como es lógico cogeremos las palabras que más búsquedas tienen y tengan menos competidores, ver imagen.

Tenéis que saber una cosa, y es que si tenemos palabras clave con copyright y las ponemos en los siete espacios que tenemos NO PASA NADA, ya que esas palabras clave están ocultas y no se ven por ningún sitio (hoy dia, según la política que existe en KDP, sí nos permite poner palabras registradas en los 7 espacios) pero te recomiendo que leas detenidamente la política que tiene KDP, por si cambiase.

Podemos poner el título del libro de nuestro competidor, el nombre del autor o lo que creas que es más conveniente. Normalmente se hace el estudio de palabras clave para que cuando la gente busque por esa palabra tu estés en la primera página.

Con este soft del que os hablo es MUY FACIL DE HACER. Como visteis en la imagen del estudio de palabras clave, al ordenar por competencia nos está dando unos datos super importantes, que son la COMPETENCIA, lo que GANAN, y la CANTIDAD DE BUSQUEDAS QUE TIENEN EN AMAZON. Ya lo visteis en la imagen del Excel.

Esa información vale ORO.

Pasamos hacer en una hoja de Word, aquí tenemos que poner toda la información que vamos poner cuando estemos subiendo nuestro libro. Esta hoja de Word si la queréis, me la podéis pedir por mi canal de YouTube o en el mail que os dejo al final del libro, si me buscáis como Mundo KDP me encontrareis. Solo tenéis que dejarme un mensaje dándome vuestro mail.

Si lo queréis hacer vosotros, yo personalmente lo hago de la siguiente manera:

TITULO: XXXX XXXX XXX XXXX
Aquí lo que hago es poner un título que me lanzó el soft y que me indica que esa frase, palabras clave o frase de cola larga (long tail) es buena. También me indica la competencia que tiene, las ganancias que está generando al mes y la cantidad de libros parecidos que hay. En serio te digo que este soft es una maravilla. Recordar lo de mirar si esas palabras clave están registradas o no. **ES MUY IMPORTANTE.**

SUB TITULO: XXXXXXX XXXXX XXXXX   XXXXXXX   XXXXXX   XXXXXXX
Lo mismo, ya que cuando hago la búsqueda de las palabras clave me está dando mucha información de cuáles son las mejores y las que más ventas tienen, pues las intento meter en el subtítulo para que tenga más posibilidades, y cuando la gente haga las búsquedas en Amazon yo tenga la mayor cantidad y variedad posible de palabras clave.

AUTOR: XXXX XXXX
Aquí es importante poner un autor diferente para cada nicho, os explico.

Hay mucha gente que hace seguimientos a otros/as autores, entre otros ahora lo harás tú también, simplemente para ver qué es lo que más están vendiendo y así copiar sus diseños. Para evitar esto, si tú le pones un nombre de autor a cada nicho, solo podrían copiarte los diseños que tienes bajo ese nombre de autor, pero no del resto. No sé si me explico bien. Digamos que yo tengo bajo el nombre de autor todos mis diseños (TODOS), y resulta que estoy teniendo éxito. Pues un competidor mío puede hacer clic al nombre de autor y ver todos los diseños que tengo (TODOS). Y con algunos programas que también os lo diré más adelante podréis investigar todo esto.

Por eso es bueno que tengáis muchos nombres de autor. Uno por cada nicho. Supongamos que esta semana vamos a subir veinte diseños del nicho viajar, pues nos inventamos un nombre para ese nicho. No para cada uno de los diseños. Solo un nicho, en este caso (viajes) pues para esos veinte diseños el autor será: libros viajeros. Por ejemplo. Porque ahí le podemos poner unas palabras clave.

Después llega la **DESCRIPCIÓN**:
Aquí tenéis que explicar el interior del libro. Lo que contiene, hay gente que dice que no hace falta una descripción muy amplia, otros por el contrario piensan que una descripción bien redactada es una de las mejores cosas que puedes hacer. Yo personalmente lo hago mitad y mitad. Ni muy larga y muy corta.

Ejemplo:

Este libro es maravillo para los amantes de la naturaleza. Para todos los que no pueden parar de viajar o planear sus viajes, En el interior podrás apuntar todos los detalles de ese maravilloso viaje.

Tienes una zona para escribir donde fuiste, otra para poner la valoración, si te gustó o no.

También tienes una zona para poner una foto tamaño 5x7cm.

Este libro es ligero y muy cómodo de llevar en un bolso o macuto.

El diseño de la portada es…. con unas flores y una caravana.

Tamaño del libro 6x9.

Diseño de la portada es mate.

Etc.

Cuando estés haciendo la descripción, recuerda de poner las palabras clave que encontraste y que crees que son importantes de poner, esto te ayudará a que la gente te encuentre.

PALABRAS CLAVE:
Aquí tienes que tener preparado tus siete palabras clave más importantes, (más adelante explicaré como buscarlas) o las que crees tú que lo son. Si hiciste una buena investigación, vas a tener resultados muy pronto. Las palabras clave las puedes modificar con el tiempo, con lo que si ves que no te están funcionando las puedes modificar. Pero te aconsejo que las dejes por lo menos un mes.

Para hacer una buena investigación de palabras clave vamos a usar **Google** con la extensión **Keyword Surfer**, esa app nos dirá cuántas búsquedas tienen en Google.

Nos iremos a Amazon y haremos una búsqueda, ahí apuntaremos las palabras que nos de la app **AMZ Suggestion Expander,** aquí no tenemos que hacer nada, solo hacer una búsqueda normal y automáticamente nos saldrán las sugerencias de búsquedas que está haciendo la gente.

No olvidéis poner o seleccionar BOOK (libros, si la búsqueda la quieres hacer en español)

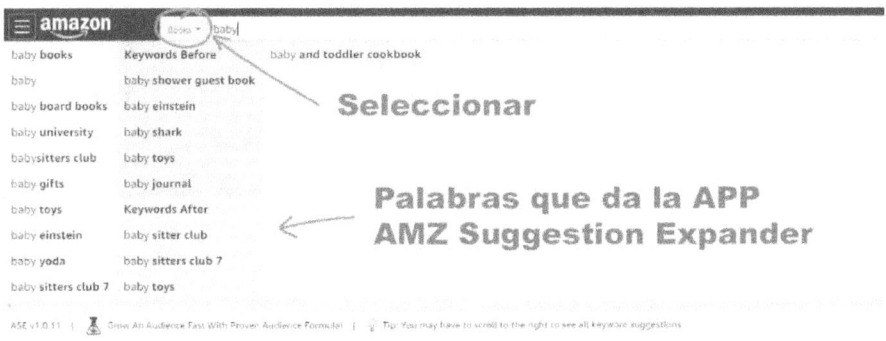

Las apuntamos en nuestra hoja de Word.

Y por último las **CATEGORIAS**, como ya te comenté. Cuando estamos subiendo por primera vez nuestro libro solo nos deja poner dos categorías, pues tenemos que poner las dos categorías más importantes que encontremos. Después ya nos pondremos en contacto con Amazon para mandarle las otras ocho categorías que tenemos preparadas. (lo explicaré más adelante, cómo encontrar las de tus competidores).

¿Cómo buscamos las categorías?

En el apartado de Sección de KDP tendremos que buscar la que más relación tenga con nuestro libro. Siguiendo las palabras clave que tenemos, baby name (nombres para niños) tendríamos que pensar en madres primerizas, niños, bebes, nombres.

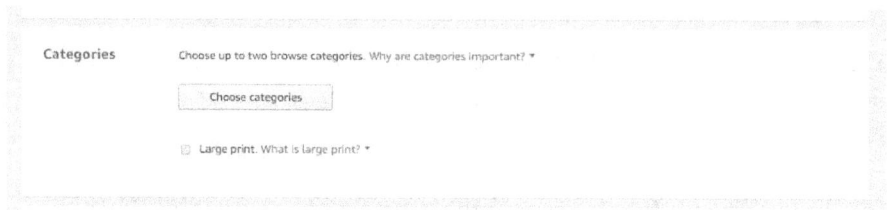

Una vez que estemos en Categorías tenemos que buscar algo relacionado, nos vamos a **Juvenile Fiction>Family>New Baby**.
Y la otra categoría será **Juvenile Nonfiction>Family>New Baby**.

Ya tendríamos nuestras dos categorías seleccionadas, después como ya dije anteriormente os explicaré como ponernos en contacto con KDP para que nos metan en las otras ocho categorías.

Tener todo preparado para subirlo todo a la misma vez es muy importante, ya que si tienes que ponerte el viernes hacer la hoja de Word te quitará un tiempo muy valioso. Con lo que el jueves tienes que tener esta hoja preparada, para que cuando te pongas a subir los libros solo tengas que ir copiando y pegando toda la información que tienes.

En hacer esta hoja no te puede llevar más de media hora, teniendo en cuenta que ya tenemos las palabras clave, las categorías y toda la información que sacamos manualmente o del soft. ES MUY IMPORTANTE HACER LA HOJA DE WORD. (INSISTO)

Entonces el jueves es el día en el que puedo mirar mis campañas, porque tengo mucho margen de tiempo. De 9:30 a 12:00 hago la investigación de las palabras clave, saco unas mil palabras para hacer AMS (campañas de publicidad en KDP) y las categorías que más rentabilidad y menos competencia tienen.

Ahora tengo tiempo hasta las seis de la tarde que tengo que llevar a mi hijo a atletismo.

Lo de las campañas de publicidad (AMS) os explicaré cómo hacerlas y cómo controlar cada una de ellas.

Mirar las palabras clave que me están dejando ventas y las que me están costando dinero y no estoy obteniendo ventas ni impresiones con ellas las quito.

Esto lo explicare más adelante, como puedes ver tenemos muchas cosas importantes que ver, pero tranquilo que lo miraremos todas punto por punto. Por eso es importante que no te saltes ni una sola página, léelas todas, yo intentaré hacer la lectura lo más amena posible.

VIERNES: Los viernes son fantásticos, ya que vamos a subir lo que con tanto esfuerzo trabajamos durante la semana. Pero no puedes dormirte en los laureles (como decimos en España) ya que son 20 diseños los que tenemos que subir.

Por eso digo que es muy importante tener todo ordenado para ese día.

Entonces vamos a explicar cómo subimos nuestros libros paso a paso.

Vamos hacer un resumen de todo lo que tenemos que tener preparado para empezar a subir nuestros libros.

Tenemos que tener los diseños de las portadas y los diseños de los interiores.

Nuestra hoja de Word con toda la información, título, subtítulo, nombre de autor, descripción, palabras clave y categorías.

Pues ahora solo tendremos que ir rellenando ese formulario con la información que nos va pidiendo. Vamos a ver unas imágenes.

Como podéis ver en las imágenes las voy a ir numerando para que no nos perdamos nada.

Cuando entramos tenemos que poner nuestras contraseñas.

Cómo ganar dinero con amazon KDP en español

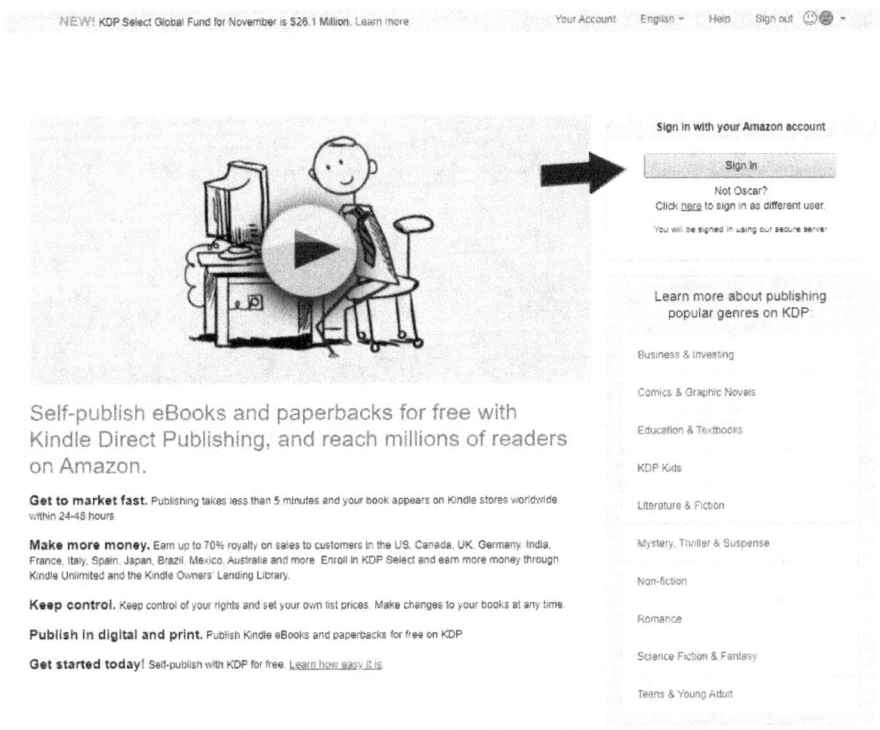

Una vez que estamos dentro, vamos a empezar a subir nuestro libro, como podéis ver en la siguiente imagen en nuestro panel de control veremos que tenemos dos botones con unos símbolos de más.

Como nosotros solo hacemos libros de bajo contenido, le diremos que queremos hacer un Paperback.

Cómo ganar dinero con amazon KDP en español

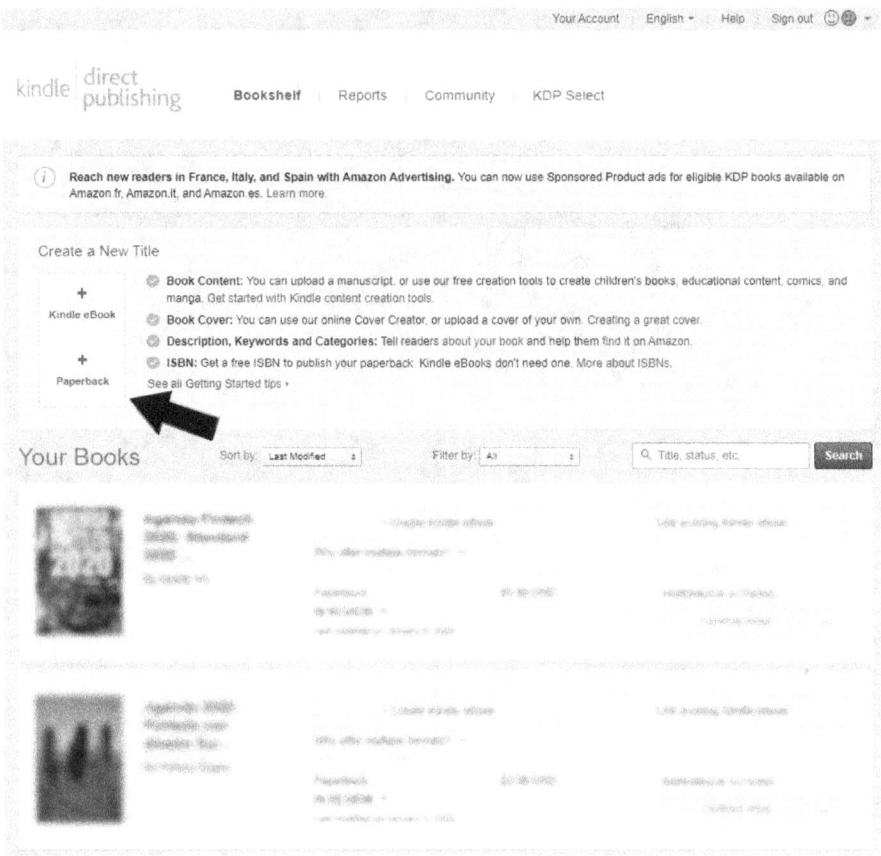

El siguiente paso es poner toda la información que nos pide KDP, hay que hacerlo tal y como nos dicen. O corremos el riesgo que nuestro libro sea rechazado.

Como ya os comenté vamos a enumerar los puntos que nos pide KDP y explicarlos.

Si no tienes mucha idea de inglés no tienes por qué preocuparte, haz clic en ese botón del **paso uno** y podrás ponerlo en español.
En el **paso dos** tenemos que poner el idioma de nuestro libro. Esto quiere decir que si el título de nuestro libro es en español lo tenemos que modificar a español, o el idioma que le hallamos puesto. En este caso en inglés.

Pondremos el título de nuestro libro en el **paso tres,** si nos equivocamos en una sola letra KDP rechaza nuestro libro y nos mandaran un mail, nos dirá algo así como; el interior o el cover (o ambos) tienen algún problema y tienes que modificarlo.

Si no haces esas modificaciones NO se aprobará tu libro.

En el **paso cuatro** pondremos el subtítulo de nuestro libro, todo esto lo tendríamos que tener preparado en nuestra hoja de Word. Para acelerar nuestro trabajo.

En el **paso cinco**, yo aquí personalmente nunca pongo nada, es porque tienes unos libros que tiene muchas partes. Yo como digo no la uso.

Paso seis, en este punto pasa lo mismo que en el anterior, si tienes libros que tienen muchas ediciones lo puedes usar. Yo como en el paso número cinco no lo utilizo.

Cómo ganar dinero con amazon KDP en español

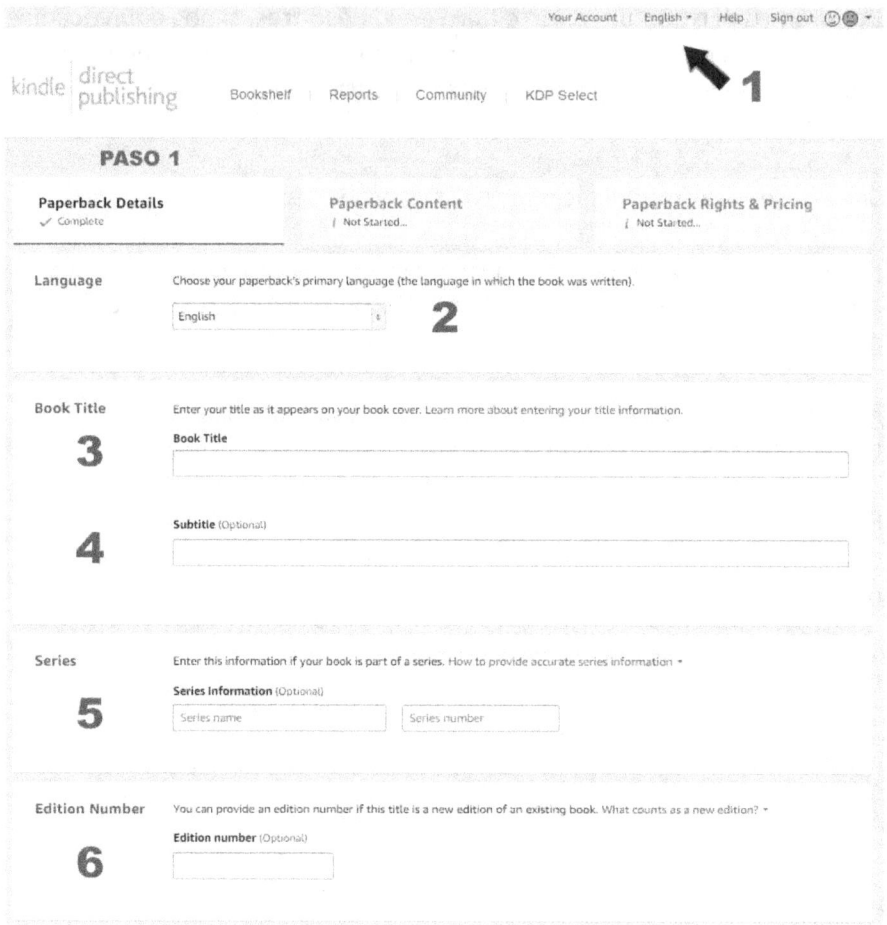

Seguimos por el **paso siete**.

Aquí es para poner el nombre de autor, hay gente que rellena todos los apartados, yo en cambio solo pongo el nombre en **First name** y el apellido en **Last name**.

No tiene que ser tu nombre real, pon siempre un seudónimo. Y donde tienes que poner el "apellido" con una palabra clave pero que no este o tenga copyright.

Paso ocho, esto es para poner el nombre de otras personas que participaron en tu libro, como nosotros trabajamos solos no pondremos nada. Si trabajas a medias con alguien lo puedes poner.

Paso nueve, aquí tenemos que poner nuestra descripción. Para hacer una descripción bien hecha, pon palabras en negrita para hacer resaltar algunas de nuestras palabras, lo tenemos que hacer con un creador de HTML. Por aquí os dejo en link para que lo podáis hacer.

https://kindlepreneur.com/amazon-book-description-generator/

Paso diez, aquí nos está preguntando si tenemos los derechos de todo lo que sale y contiene el libro que hemos creado. Si los tenemos le decimos que sí. No podemos poner algo que no es nuestro, aparte de una denuncia por el autor corremos el peligro que nos cierren nuestra cuenta de KDP.

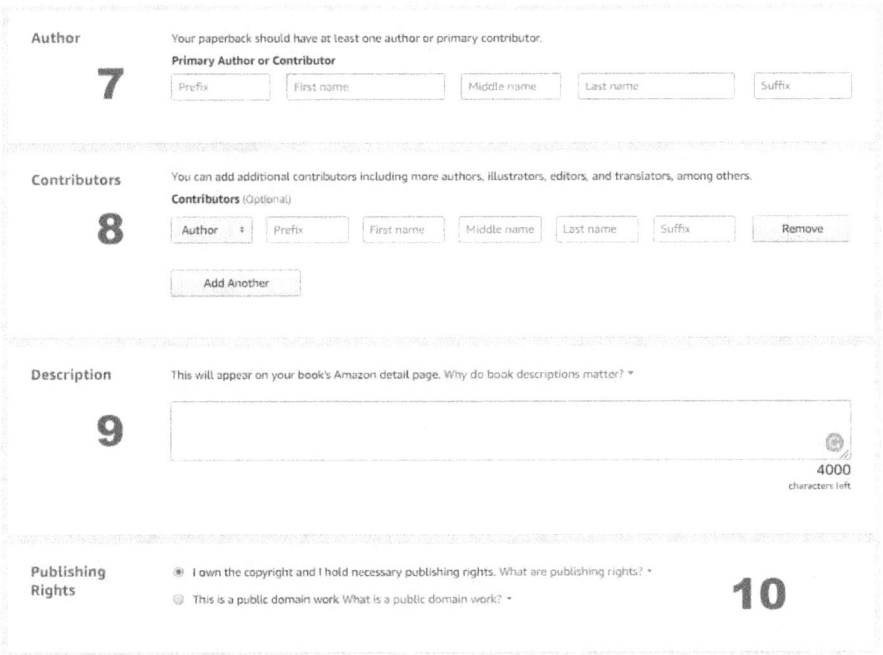

Paso once, aquí es donde tenemos que poner las siete palabras clave más relevantes que tenemos. Como ya comenté, esto lo tendríais que tener hecho en vuestra hoja de Word. Pondremos las siete sin repetir ninguna de ellas, KDP nos dice que no desperdiciemos sitios repitiendo palabras clave, cosa con la que estoy muy de acuerdo.

Seguro que lo verás con el tiempo, pero te lo digo desde ya para que empieces las antes posible. Estos siete campos son muy importantes para posicionar tu libro. Con lo que no te lo tomes a la ligera, es más importante de lo que crees para tener éxito.

Las categorías, **Paso doce**, otra sección que para mí es muy importante. Tienes que buscar las categorías que más se adecuen a tu libro. Si estás haciendo un libro de baby no lo puedes poner en unas categorías de mecánicos.

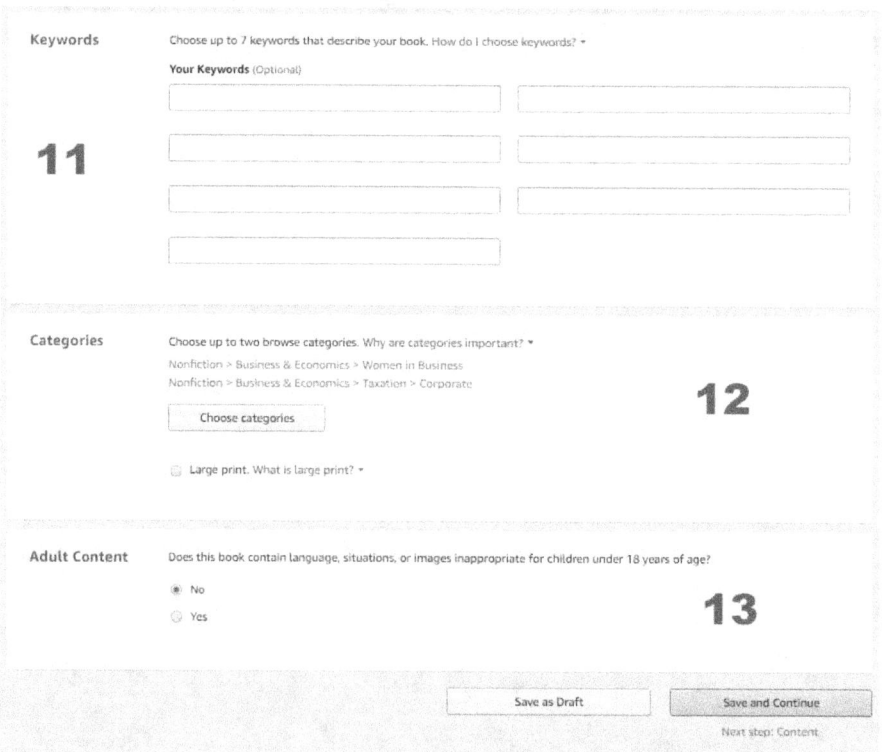

Paso trece, aquí nos está preguntando que, si este libro tiene o no contenido para menores de 18 años, solo le tenemos que decir si lo tiene o no.

Después solo tendremos que presionar el boto amarillo de **Save and Continue.**

En el siguiente paso empezaremos a subir el PDF de la portada (cover) y el interior, pero primero vamos a ver otros pasos.

Paso catorce, aquí KDP nos está dando un numero de ISBN. Es un número para nuestro código de barras. Esto nos lo está dando gratuitamente. Si no tuviéramos un código de barras tendríamos que comprar uno. Pero en este caso nos lo da gratis. Solo tenemos que presionar el botón, nos saldrá una ventanita de advertencia y le diremos ok.

Paso quince, para poner la fecha de la publicación, aquí no hace falta hacer nada.

Paso dieciséis, aquí es importante estar atento a las opciones que elegimos, ya que si nos equivocamos en algo nos dará fallo y nuestro libro no será aprobado.

La primera opción es de **Interior & Paper type**, aquí nos da tres opciones, yo en lo personal siempre utilizo la de **Black & White interior – with White paper**. Esto significa que mi interior será con papel blanco. También lo tienes con interior en crema y con el interior en color. Tienes que elegir el que más te guste o el que más se ajuste a tus necesidades o las necesidades del libro.

Después tenemos **Trim Size**, tenemos que seleccionar el tamaño. Cuando creamos nuestro libro le tuvimos que dar unas medidas, pues ahora le tenemos que decir cuales son, por lo general el que más se usa es el 6x9 pulgadas. Si es otro el tamaño que utilizaste solo tienes que hacer clic en el botón de **Select a different size**. Ahí podrás elegir el tamaño que usaste.

Ahora toca decir que, si lo queremos con o sin **Bleed**, esto significa que si los documentos que creamos tienen o no sangrado (aquí en España la jerga de las imprentas o diseñadores, le llamamos sangrado al margen que dejamos a los lados superiores, inferiores y laterales) para que las imágenes o fotos no se corten.

Bueno, pues cuando nosotros creamos nuestros diseños e interiores tenemos que saber si lo queremos hacer con o sin sangrado. Y en esa sección le tienes que decir como lo creaste.

En la siguiente sección **Paperback cover finish**. Aquí tenemos que elegir entre **Matte o Glossy**. Esto es para nuestra carátula (cover) si queremos que nuestra carátula sea con una terminación en brillo o por el contrario la queremos en mate. Yo te diría que pidieras unas pruebas de autor y que pidas una en brillo y otra en mate. Así sabrás a la perfección cómo son los materiales.

Paso diecisiete, aquí es donde tenemos que subir nuestro interior, buscaremos el PDF que creamos al hacer muestro interior.

Aquí sería muy complicado y largo explicar cómo crear un interior o una carátula. Por eso estoy creando un curso en el que explico todo lo que sale en este libro y mucha más información. Entre otras cosas cómo diseñar una carátula, un interior y cómo maquetar todo para no tener ningún fallo o error a la hora de subir nuestro libro de bajo contenido.

Al comprar este libro tienes automáticamente un 20% de descuento en el curso.

Cómo ganar dinero con amazon KDP en español

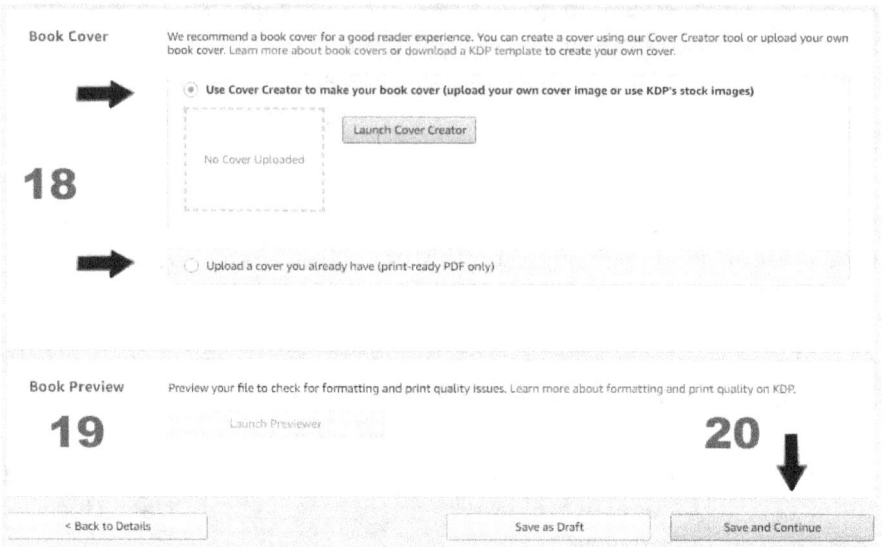

Paso dieciocho, ahora nos toca subir nuestra carátula, aquí lo podemos hacer de dos formas diferentes, una es – **Use Cover Creator** – si le damos al botón amarillo de - **Launch Cover Creator** – nos llevará a una sección donde KDP nos da unas herramientas (muy básicas tengo que decir) con las que podemos hacer una carátula. Te invito a que lo pruebes.

Y después tenemos la otra opción – **Upload a cover you already have** – que nos está diciendo que podemos subir nuestra carátula.

Pues escogeremos esa opción. Nos saldrá un botón amarillo que pone – **Upload your cover file** – nos tiene que salir unos check en verde cuando los archivos estén subidos, pero solo quiere decir que los archivos fueron cargados correctamente. Ahora le tenemos que dar al botón de – **Launch Previewer** – que es el que nos dirá si todo está correcto. Ese botón está en el **paso diecinueve**. Que solo se activa si tienes cargado los archivos del interior y la portada. Como se puede ver en la siguiente imagen.

Una vez que tenemos el botón activado lo presionamos.

Cómo ganar dinero con amazon KDP en español

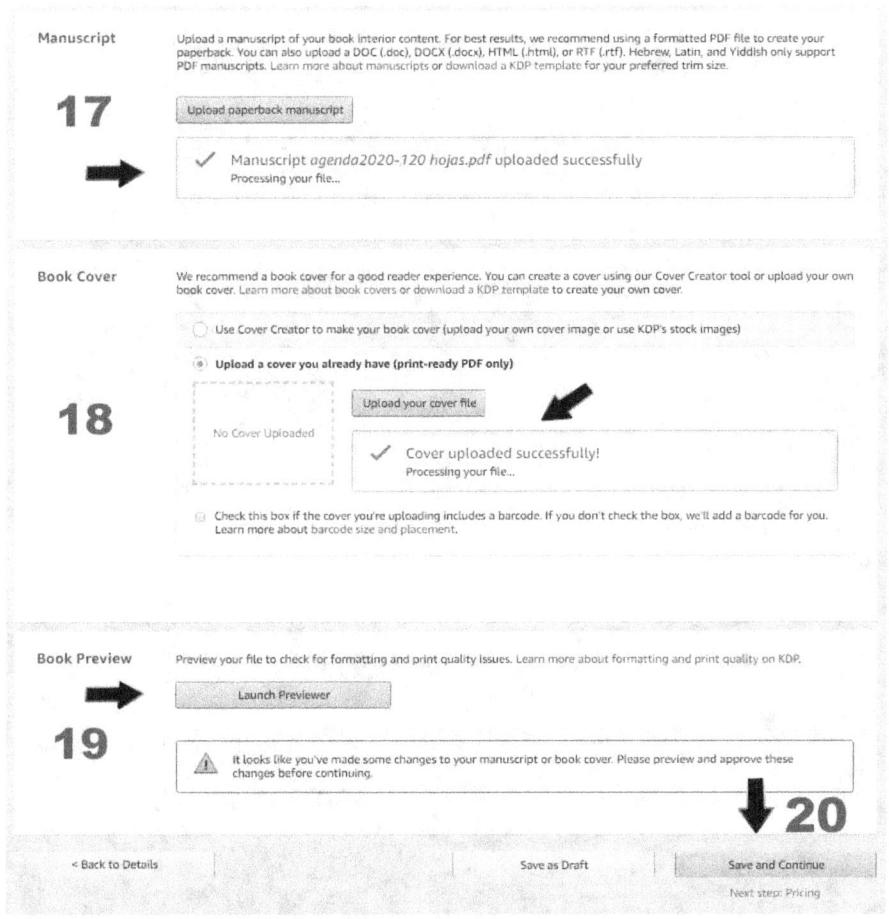

Nos tiene que aparecer algo muy parecido a esta otra imagen.

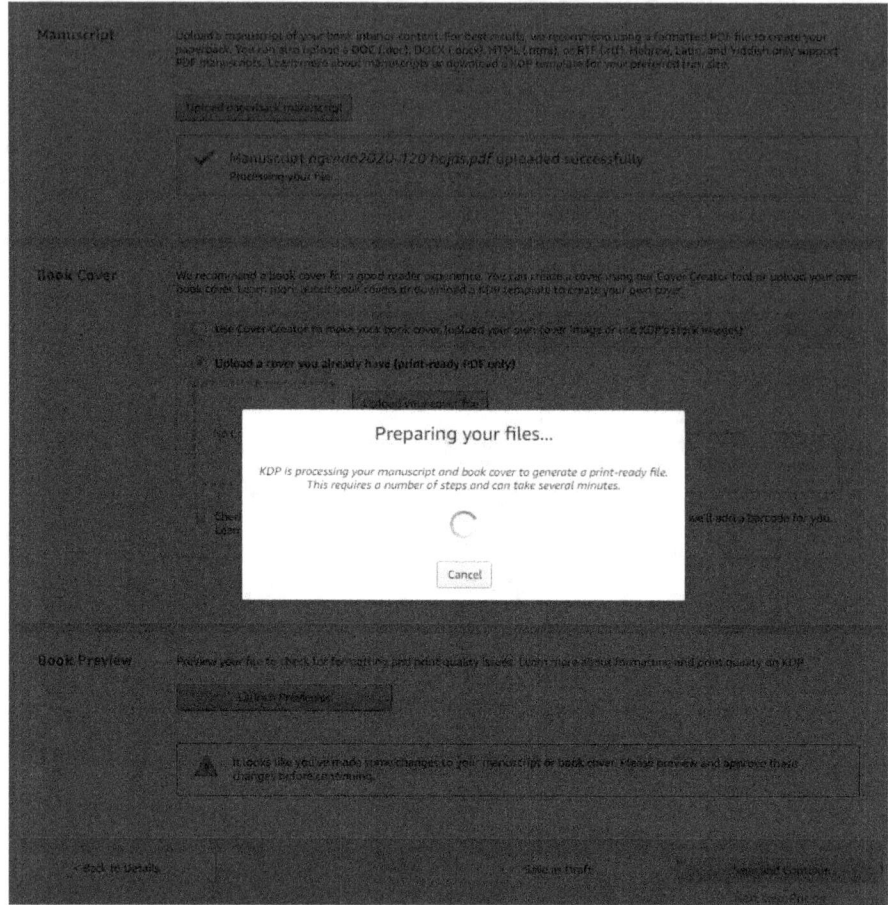

Una vez que termine de hacer la comprobación, de que el interior y la carátula esta correcta pasaremos a la siguiente fase. En la siguiente imagen se puede ver un fallo. Lo hice para que veáis lo que nos pone cuando detecta un fallo en las medidas.

Cuando tenemos un fallo KDP nos lo dice con un icono en forma de triángulo en rojo. Y en la parte de la izquierda nos dice si es en la carátula (cover) o en el interior, si es en el interior, nos pone en las páginas donde está el error.

Tengo que decir que hasta que no se arregle esos errores no podrás seguir con la subida de tu libro. Las flechas indican donde tenemos todas las señales de los errores.

Una vez que tengamos todos los errores corregidos nos tiene que salir una pantalla como esta. Cuando tengamos los errores corregidos los tenemos que subir otra vez, y volver hacer el – **Launch Previewer** –

Aquí ya no ténemos errores, ahora solo ténemos que presionar el botón amarillo que pone – **Approve** -. **Paso veintiuno**

Cuando lo presionemos nos llevará otra vez a la página en la que estábamos. Por si no lo recuerdas estamos en el **paso diecinueve** - **Book Preview** –. Ahora témenos que ir al **paso veinte**. Que lo único que nos dice es que guardemos y continuemos – **Save and Continue** -.

Ahora nos lleva a – **Paperback Rights &Pricing** – **paso veintidós**, aquí es donde ponemos los precios. Lo primero con lo que nos encontramos es **Territories**, aquí os recomiendo que lo dejéis en **All territories**, esto significa que se venderá en cualquier parte que Amazon esté vendiendo. Que ya te digo que son muchos países.

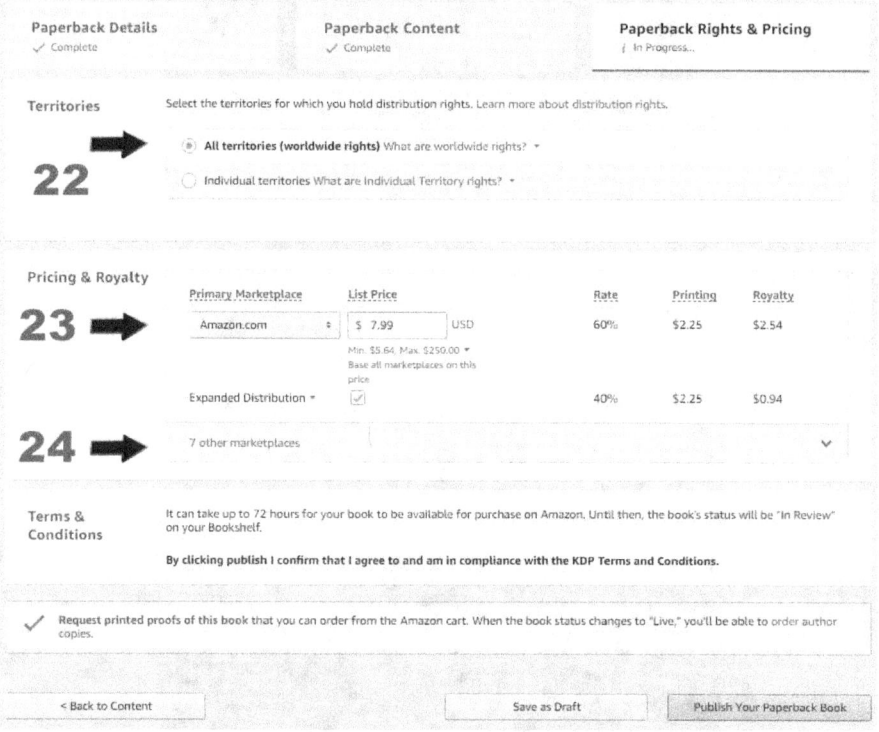

Si lo que quieres es estar solo en algunos de los países donde vende Amazon, tienes que seleccionar la otra opción, la de **Individual territories,** ahí podrás poner en los países que quieres que se venda tu libro.

Pero como te digo, yo tengo libros en español que se venden en Italia, reino unido, Alemania y alguno más. En todo el mundo hay gente de todo el mundo. Supongo que entendiste esto último. Por lo tanto, déjalo en All Territories. Siempre tendrás más posibilidades de venta.

Ahora vamos a **Pricing & Royalty**, paso veintitrés, aquí témenos que poner el precio que queremos o creemos que vale nuestro libro. Como puedes ver en el **paso veintitrés** tienes la opción de poner el **Primary Marketplace,** esto quiere decir que si tu libro está en inglés tu público objetivo es de Estados Unidos, también puede ser Reino Unido. Aquí tengo que hacer una puntualización, ya tengo libros en español y cuando pongo el precio lo pongo en amazon.com. vamos…. Con esto quiero decir que da igual.

Vamos a poner el precio, según las hojas que tenga el libro. Tienes que poner un precio u otro. Para darte una idea con un libro de unas 150 páginas puedes poner un precio de $6,50 o muchos ponen $6,99 yo para posicionar mis libros tengo una estrategia que por ahora me está funcionando.

Aparte de tener un título y subtitulo buenos, mas unas palabras clave muy buenas, yo siempre empiezo, en forma de promoción con un precio de $3.99. Repito según la cantidad de hojas que tenga el libro. Pero si es de esa cantidad de hojas, lo pongo siempre a ese precio durante dos semanas.

¿Por qué lo hago? pues para que el libro empiece a tener ventas y con eso consigo posicionar mucho más, y después le voy subiendo el precio en un 5% por semana hasta que llego a $7.99 que es a lo máximo que tengo yo mis libros de bajo contenido.

En el **paso veinticuatro,** si presionamos sobre - **7 other marketplaces –** nos tiene que salir un desplegable con los distintos países en los que vende Amazon. En la siguiente imagen lo podéis ver.

Aquí Amazon nos va hacer una media en los precios, cada país tiene su moneda. Entonces aquí podemos poner el precio que nosotros queramos en cada uno de los países.

Cómo ganar dinero con amazon KDP en español

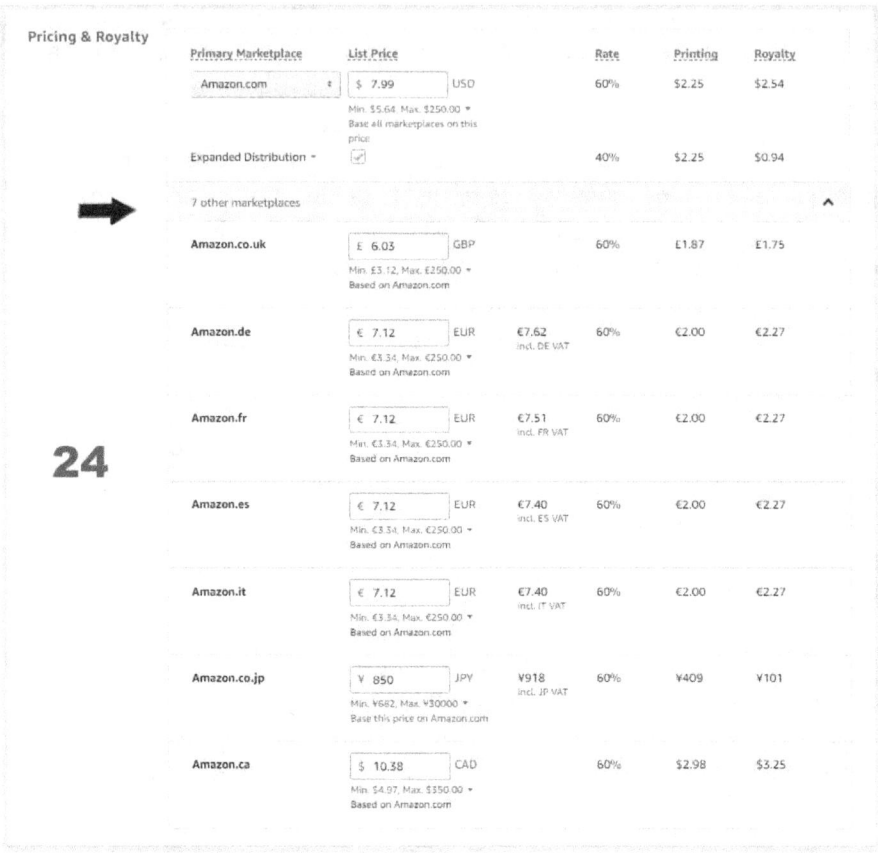

Una vez puestos los precios solo nos queda ir al **paso veinticinco**. Que es presionar el botón de – Publish Your Paperback Book – a continuación, nos saldrá una ventanita en la que nos pregunta si queremos hacer un e-book de este libro que terminamos de crear, cerraremos esa venta.

Nos tiene que salir algo como esto.

Cómo ganar dinero con amazon KDP en español

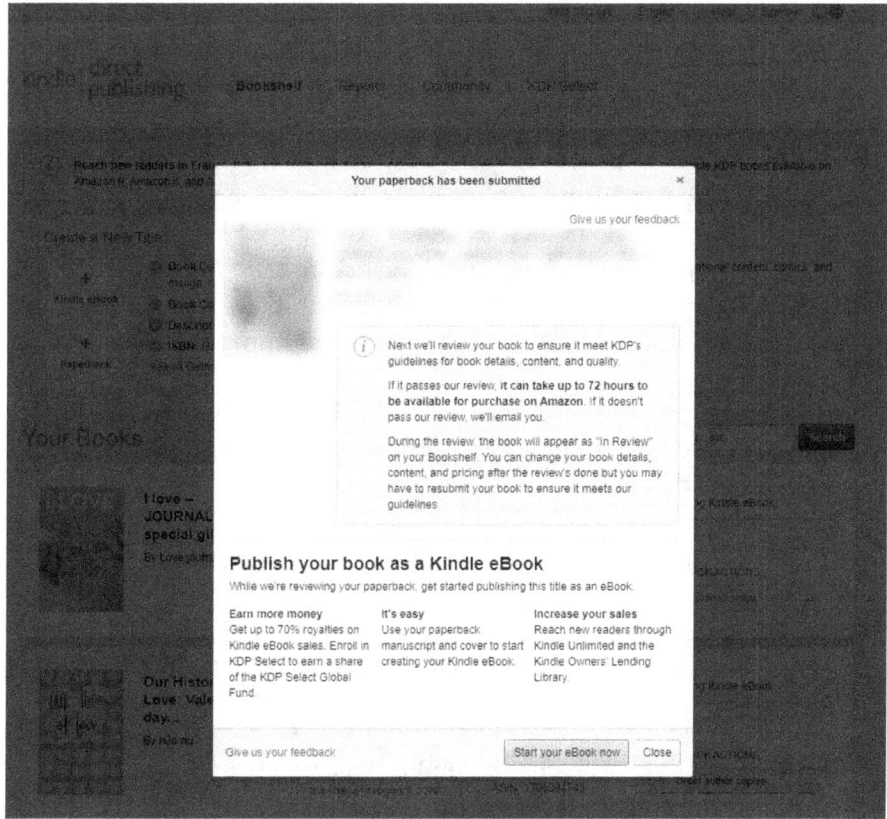

No podemos hacer un e-book porque nuestro libro es de bajo contenido. A Amazon no le gusta y es de lógica.

Ya tendríamos nuestro libro publicado.

SÁBADOS:
Por la mañana me levanto temprano para escribir un poco de mi nuevo libro, porque cuando los niños se levantan… ya no se puede hacer nada.

Estar con ellos e ir al parque, coger las bicicletas o cualquier otra cosa.

Por la tarde al cine o quedar con amigos, pero básicamente todo es estar con la FAMILIA. Ya que sin ellos mi vida no tendría sentido. Y lo bonito de este negocio es que te permite ganar mucho dinero, MUCHO.

Y poder disfrutar de tu familia, que es algo muy importante para mí.

Este trabajo tiene algo muy bueno, es una de las cosas que me empujó a hacer este negocio. Es LA MOVILIDAD. En verano nos gusta mucho viajar, nos vamos quince días a un sitio y otros veinte los destinamos a visitar a familiares de mi esposa que viven fuera y no tienes que preocuparte de nada, ya que Amazon se encarga de todo.

Solo hay una pega en esto, que tengo que madrugar para hacer algo de trabajo, es lógico que no puedes hacer todo el trabajo que haces normalmente, pero sí que tengo que estar al día, como digo yo.

No subo veinte diseños a la semana, subo cinco o seis, pero algo siempre, siempre tienes que subir. La máquina de hacer dinero no puede parar. Ni estando de vacaciones.

DOMINGOS:
FAMILIA 100%

Bien, ya tenemos algo más, paso a paso estoy seguro que llegarás donde estoy yo.

Teniendo claro el PLANNER de la semana, y sabiendo lo que tienes que hacer SI o SI, llegarás a alcanzar grandes cifras e irás viendo el resultado de una buena organización. Porque para llegar a los números que yo hago tiene que ser así. Tienes que ponerte metas y seguir el planing.

Si no lo haces así, ya te digo que no llegarás a esa cantidad. Que por otra parte si es menos tampoco pasa nada. Pero mejor que te pongas metas y subas diez diseños de cada uno de los nichos que te pongo. Pronto empezarás a ver resultados.

¿Cómo organizo yo mis proyectos? Eso es fácil, cuando yo empiezo un nuevo proyecto lo ordeno tal cual veis en la imagen.

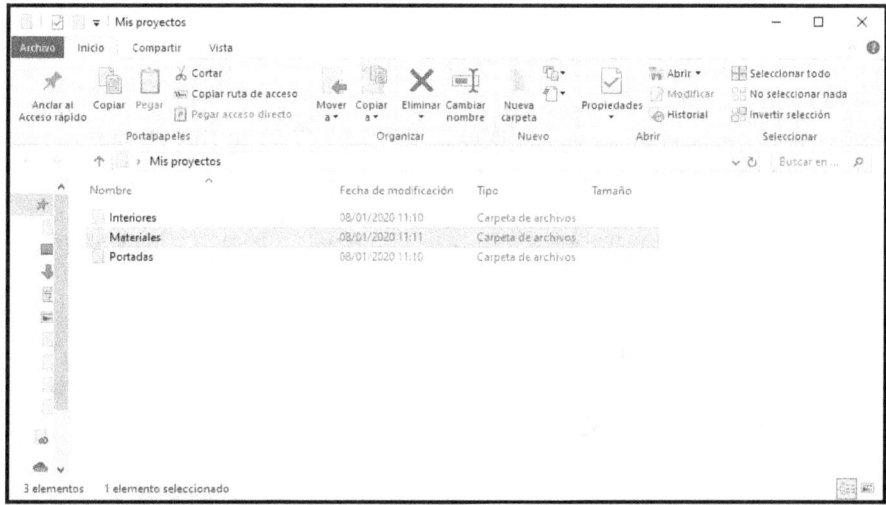

En la carpeta de interiores pongo todos los INTERIORES que voy a usar, los que yo creo o los que me bajo de book bolt (ya los tienen hechos).

En la siguiente carpeta, MATERIALES. Pongo todo el material que usaré.

Como los diseños que voy a usar en la portada o en los diseños de los interiores. Fotos, vectores, capturas de otros diseños que utilizo para inspirarme, Font.

En la carpeta PORTADAS, pongo todos los diseños de las portadas que voy creando. En orden y con una numeración. Ejemplo:

001-diseño de flores rojas con fondo negro.
002-diseño de flores blancas con fondo azul.

Cuando hago muchos diseños de un nicho y los estoy subiendo a KDP, para saber y llevar un orden hago lo siguiente. Pongo un OK delante. Ejemplo:

Ok-001-diseño de flores rojas con fondo negro.
002-diseño de flores blancas con fondo azul.

El OK significa que el libro ya está subido a KDP.

Cómo ganar dinero con amazon KDP en español

Seguimos con las palabras clave registradas.

Como ya os dije, tenía que explicaros cómo saber si las palabras que buscamos están registradas.

¿Cómo saber si ese nombre o palabras clave están registradas o tienen copyright?

En esta página lo podéis mirar:

www.uspto.gov/trademark

Aquí tenéis que ir al menú superior donde pone **TRADEMARK**, en **Application process**, hacer clic en **Searching trademarks**. En la imagen verás los pasos.

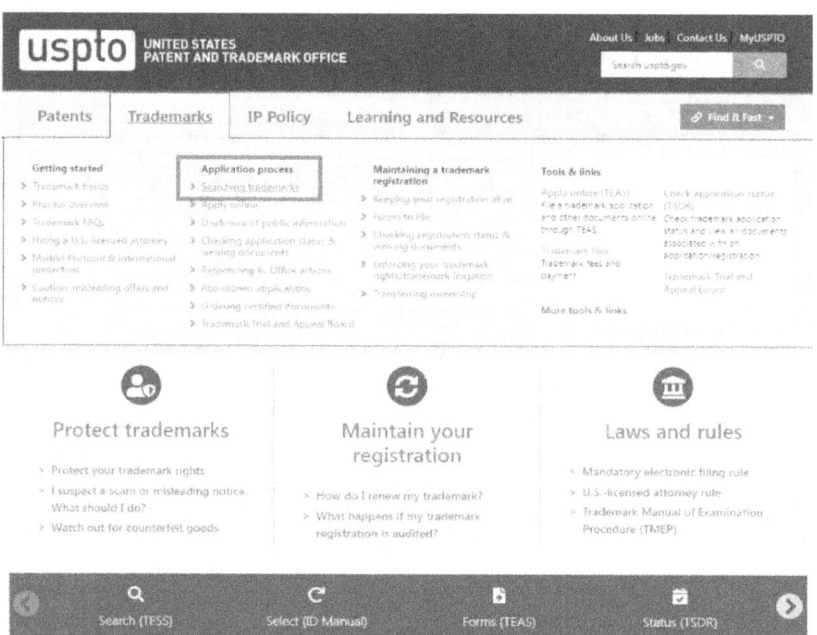

Después haremos clic en el botón de **Search our trademark database**.

Cómo ganar dinero con amazon KDP en español

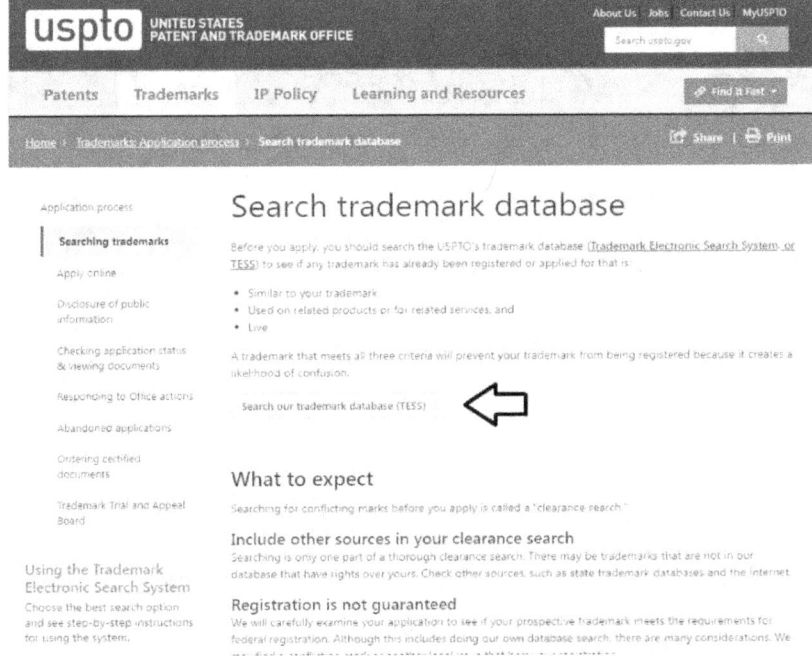

En el siguiente apartado hacer clic donde está la flecha en **Basic Word Mark Search**

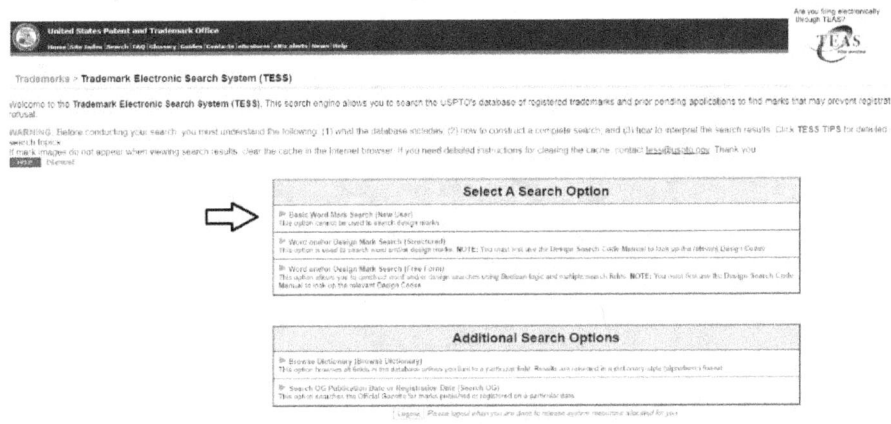

En el siguiente apartado tendremos que poner el nombre o palabras clave que queremos ver si está registrada. Tenemos que tener por defecto puesto **LIVE AND DEAD**. Y una vez que lo tengamos le daremos al botón **Submit Query**. lo podéis ver en la siguiente imagen.

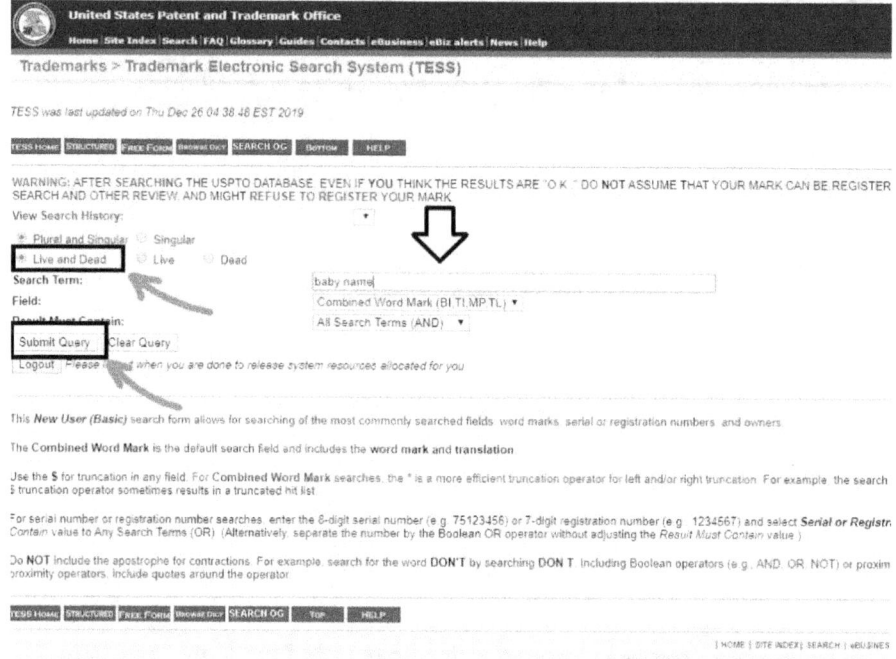

Y aquí tenemos el resultado de la búsqueda. Es donde nos dice que nuestras palabras clave están registradas.

Solo nos centraremos en las secciones de **Word Mark y Live/Dead**. Si nuestra palabra está en la lista tienes que hacer clic en el nombre y te abrirá una ventana.

En esta ventana nos tenemos que centrar en los números que aparecen en la línea que pone **GOODS AND SERVICES**, si aparece el **numero 016** es que **no lo puedes utilizar** para crear tus libros. Comentar también que el tema editorial está un poco descontrolado y lo que no te aparece aquí, puede tener un registro. Con lo que te digo que mires el interior del libro en Amazon, o la contra portada. Donde los libros que están registrados suelen tener en esas zonas en registro o copyright.

Esto es importante porque nos podemos meter en un lio muy grande, aparte de que Amazon nos puede cerrar nuestra cuenta y no pagarnos el dinero que nos tendría que pagar.

Entonces te recomiendo que lo mires en Amazon y en esta web, y si aun así tienes dudas. **NO LO HAGAS.**

Cómo ganar dinero con amazon KDP en español

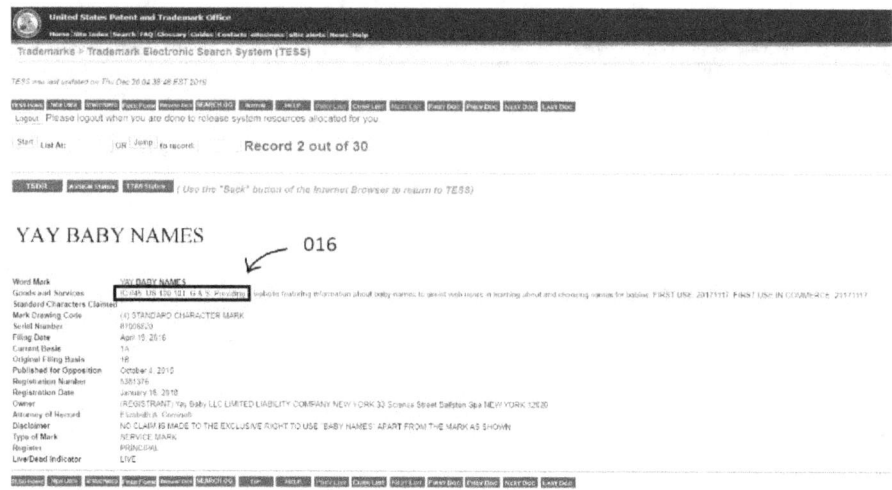

Con esto terminamos la explicación de cómo saber si las palabras que queremos usar están registradas o no.

Listado de páginas web y app para el buscador Chrome.

Estas son las web's y app que yo estoy usando a día de hoy, estoy seguro que si compras este libro dentro de un año, habrán sacado algunas web's nuevas y algunas apps. Pero estando atentos a mi canal de YouTube estaréis enterados de todo lo relacionado con el mundo kdp. Solo tienes que buscar en YouTube como Mundo KDP.

Web's:

Nota: En algunas de estas web's puedes descargar las fotos y los vectores totalmente gratis, pero tenéis que leer las políticas que tiene cada una de estas web's ya que en algunas EXIGEN que se les pongan unas reseñas. Si por ejemplo descargamos un vector de una de las web's, como por ejemplo freepik, tendríamos que poner algo parecido a esto: el vector utilizado en la portada de este diario fue descargado en freepik.com.

En este momento, en el que estoy escribiendo este libro todas las web's tienen unas políticas de autor diferentes a las que puedan tener en el momento que compres este libro. Por eso recomiendo que leáis

las políticas siempre. **En otras web's tendrás vectores gratis sin tener que poner ninguna reseña y en otras podrás comprar vectores para hacer los interiores o carátulas de tus libros.**

Descarga de vectores y fotos:

https://www.vecteezy.com/
https://www.freepik.es/
https://iconmonstr.com/
https://designbundles.net/
https://www.creativefabrica.com/
https://pixabay.com/
http://www.everystockphoto.com/
https://www.stockvault.net/

Web's para coger ideas de diseños.

Ver lo que más se vende, También pondré las web's que utilizo para hacer investigación de nichos, que son las mismas.

https://www.amazon.com/
https://www.pinterest.es/
https://www.etsy.com/
https://trends.google.es/
https://www.zazzle.es/
https://www.teepublic.com/

Estas son todas las web's que yo uso para hacer mis investigaciones, ver lo que más se vende, espiar a los autores. En el Segundo Paso (cómo investigar nichos) explico cómo hacerlo.

APP que utilizo:

Keyword Surfer. Para ver la cantidad de búsquedas que tiene una palabra clave en Google, también nos dará otras palabras clave interesantes ya que en la zona de la derecha nos mostrará una lista de palabras clave similares. Las Podemos utilizar para poner en nuestras descripciones, títulos o subtítulos.

En este momento es gratuita.

AMZ Suggestion Expander. Esta app nos mostrará una lista de palabras que utilizan las personas cuando hacen una búsqueda en Amazon. Cuando la tenemos instalada y hagamos una búsqueda en Amazon veremos esa lista.

Es importante poner esas palabras clave en el apartado que nos da KDP. Para poner nuestras siete palabras clave, seleccionaremos las que creamos que son las mejores para posicionar nuestro libro.

Cuando seleccionemos una de las palabras clave que nos aparecen, solo tendremos información de la competencia que tiene esa palabra clave. En el siguiente paso lo explico.

DS Amazon Quick View. Con esta app podremos ver de un solo vistazo el BSR, o lo que es lo mismo, Best Seller Rank.

Cuanto más pequeño sea el Rank, más ventas está teniendo ese libro. Si llevas poco tiempo en esto y no sabes muy bien lo que puede estar ganando un libro con solo mirar su Rank, te pongo un link que te ayuda a ver las ventas estimadas que tiene ese libro con ese Rank.

Link: www.junglescout.com/t/sales-estimator-v2/

En el tercer paso de este libro explico cómo lo tienes que hacer, paso a paso.

Y como ya estoy comentando a lo largo de este libro, mis dos herramientas preferidas son Book Bolt para los diseños y Rocket para la investigación de palabras clave, nichos y AMS.

Con esto ya tendrías todas las herramientas que yo mismo utilizo para hacer parte de mis investigaciones.

SEGUNDO PASO

INVESTIGACIÓN DE NICHOS

Creo que tendría que enseñarte como encontré yo estos nichos, muchos de ellos son haciendo búsquedas en Google, otros en Amazon, Pinterest, y las otras web's que te comenté anteriormente.

Y me gustaría decirte el mejor proceso que tengo a la hora de hacer búsquedas de nicho. Esto te vendrá bien para cuando tengas todos los nichos que te doy, que tengo que decir que ya tienes trabajo para terminar con todos ellos, así sabrás como buscarlo tú mismo.

Para mi investigación yo siempre miro las tendencias en Pinterest, pero tienes que tener en cuenta que cada persona es diferente.

Yo me encontré muy cómodo con Pinterest, pero tú lo puedes estar con Facebook, Instagram o Google. La cosa es hacer bien la investigación, no es solo ir a Pinterest y ponerte a buscar. Después tienes que ir a Google a ver si la palabra clave está siendo buscada, tienes que ir también al mismo Amazon para saber cuánta competencia tiene... cuantas ventas puede tener ese libro (que nunca) son exactas, solo te puedes hacer una idea (una estimación).

Anteriormente os dejé una lista de todas las web's y soft que yo utilizo, así como mi canal de YouTube, donde vas a poder encontrar vídeos muy interesantes, cómo descargar plantillas para las carátulas, cómo diseñar en Illustrator, cómo hacer interiores y montarlos en InDesign o en Power point, también tendrás como regalo unas plantillas de Power Point con las medidas más utilizadas.

Tips para buscar palabras clave y otras muchas cosas más que necesitas para llegar al éxito en esta etapa de tu vida.

Así que vamos a ponernos manos a la obra (como decimos en España).

¿Cómo buscamos un nicho? Pues muy fácil, solo tienes que pensar en un hobby, cualquier materia de estudiantes, la gran variedad de trabajos que existen. Hay millones, pero... ¿cuales son los buenos? ¿Cuales me dejarán ganancias? pues ahí está la pregunta del millón. Nadie te podrá decir eso, ya que un nicho puede ser bueno para mí y para ti no, porque tienes que tener unos conocimientos básicos acerca de ese nicho. Quien te diga lo contrario MIENTE.

Te recomiendo que primero estudies un poco el nicho que vayas a trabajar.

Yo cuando empecé, siempre lo analizaba todo y le daba muchas vueltas, que si este diseño no me gusta, que si estas palabras clave creo que no son las correctas, etc. NO TE QUEDES PARADO. A esto se le llama PARÁLISIS POR ANÁLISIS. Solo analiza lo más importante. Las búsquedas en Google, las competencias en Amazon. Si intuyes que tienes posibilidades haz unos seis diseños de portadas y listo (los interiores como son los mismo no tienes que hacer nada, solo uno.

Entonces vamos a empezar a buscar un nicho, digamos que me gusta, mmm supongamos que queremos hacer algo de mamás.

En el nicho de las mamás hay mucho trabajo y mucho subnicho. En este caso vamos a coger el de nombres de bebés o en inglés, baby mane.

Lo primero que hago es ir a amazon.com (porque es donde quiero vender, si quiero hacer uno para España, tengo que mirar en amazon.es) nos vamos a amazon.com para ver la cantidad de competencia que tiene esa palabra clave.

Vamos a la caja de búsqueda de Amazon y ponemos el nombre de baby mane y seleccionamos books. Esto es para que solo nos dé los resultados de libros y no de todos los artículos que puedan salir con esa palabra clave.

Cómo ganar dinero con amazon KDP en español

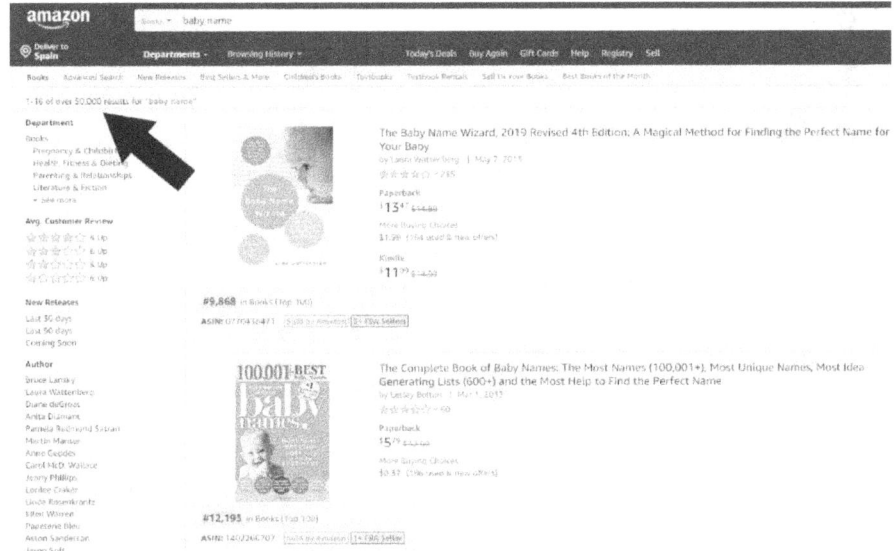

Como puedes ver hay mucha competencia, 50.000 libros que están compitiendo por esa palabra clave. Y es muy cierto, yo no entraría en este nicho. Estoy seguro que estás pensando en eso, hasta yo lo pienso...pero lo que tenemos que hacer cuando tenemos esta clase de competencia es buscar un subnicho.

¿Cómo lo hacemos? Pues tienes que pensar en un subnicho, una idea puede ser "baby name for new mothers" ya tenemos un subnicho.
Y bajamos los competidores hasta los 6.000 como podéis ver en la siguiente imagen.

Cómo ganar dinero con amazon KDP en español

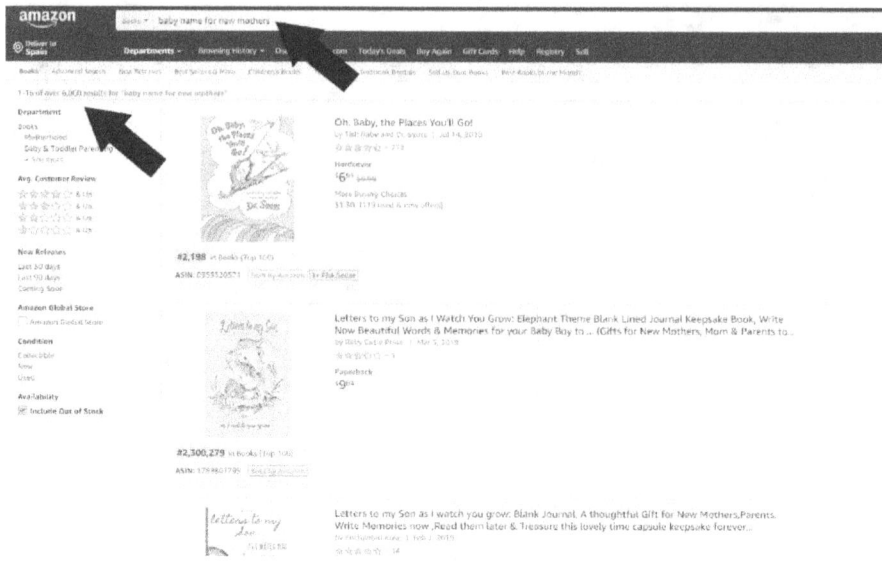

Entonces solo tienes que ir probando hasta que des con algo que te guste y creas que puedes competir y ganar a los demás competidores.

Me gustaría seguir buscando subnichos contigo y darte todo hecho, pero vi por internet una frase que tiene toda la razón. Y la frase dice: "No le des pescado a un hombre, enséñale a pescar".

Esto quiere decir que tú tienes que seguir y aprender a buscar, yo ya te estoy dando todas las ideas, todas las herramientas, ahora te toca a ti seguir buscando subnichos. No es por nada, en realidad te estoy haciendo un favor, solo tienes que agregar un subnicho a la palabra clave, muy simple.

Ya sabemos cómo buscar un nicho y si ese nicho tiene mucha competencia, también sabemos cómo tenemos que hacer para buscar subnichos.

Otro ejemplo: nicho de abogados.

Abogado matrimonial.
Abogado de derecho penal
Abogado de derecho mercantil

Abogado de derecho inmobiliario
Y así muchos más, como digo solo tenemos que poner una coletilla al nicho que queremos trabajar.

Aquí quiero hacer un paréntesis, siempre busca que la palabra clave no tenga más de 1000, en competencia. Y que los BSR no sean más de 800.000. Así lo que estamos haciendo es tener más oportunidades de salir en la primera página y por ende tener más ventas.

Tener en cuenta que al principio os costará, hasta os frustrará el no encontrar nada, pero haceros un favor… seguir adelante porque están ahí. A mí personalmente me ayudó mucho un soft que me compré y que ya os hablé de él, es el ROCKET.

Por aquí os pongo otra vez el link por si lo queréis comprar. Es un link que esta creado con un acortador. Os puedo asegurar que no contiene nada raro.

Sigamos, en este caso el nicho me vino a la cabeza, pero si no se me ocurre nada, pues vamos a ver que encontramos en **Pinterest**. Otra cosa, si no tienes una cuenta de Pinterest ya te puedes estar creando una, yo la tengo para generar tráfico hacia mis libros. Y funciona.

www.pinterest.es o com. Como tú quieras.

TIP importante: Descargaros una aplicación para Chrome que se llama: Pinontop.

Esta aplicación os dará una información muy importante… y es la cantidad de veces que se han guardado esos PIN. Hace ya tiempo Pinterest daba esa información, ahora se la guarda para él. Pues con esta aplicación sabremos esa información. Con esto sabremos lo que más está buscando la gente o en lo que están interesados los usuarios.

Ahora para buscar algún nicho, yo lo que hago es navegar, mirar por aquí y por allá, hasta que veo algo que me hace ver que puedo hacer un diario o una agenda, planner, un libro de cocina, libro de colorear, pasatiempos, etc. Solo navega y lo primero que te haga clic.

Vas a amazon.com y pones la palabra clave de eso que viste y empieza el proceso que te expliqué antes.

Eso mismo lo puedes y lo tienes que hacer en:

Amazon
        Pinterest
        Google
        Instagram
        Creativefabrica
        Etsy

En estas páginas siempre encontrarás algo, en Amazon puedes ir a los best seller, en la sección de libros y ver lo que se está vendiendo.

En Pinterest hacer una búsqueda con la app que os comenté, para saber lo que más se está buscando.

En Etsy también se pueden encortar muchas ideas de nichos, solo tienes que darte una vuelta, navegar un poco por la web y estoy seguro que encuentras un nicho para trabajar en él.

Etsy lo que tiene de bueno es que también puedes coger ideas de lo que más se está vendiendo o lo que tiene más ventas. ¿Cómo sabemos esto? pues supongamos que encontramos un nicho, el de abogados. Pues en la barra de búsqueda de etsy ponemos abogados y le damos a buscar.

Nos saldrán miles de resultados, ahora solo tenemos que investigar los que más estrellas tienen, ya que pueden tener más diseños y otros nichos que nos pueden dar nuevas ideas.

TIP IMPORTANTE:
Esto lo implementaré dentro de unos meses, con lo que no tengo resultados ahora mismo, pero estoy seguro que funcionará.

Aparte de los nichos que yo os estoy dando, el mismo KDP nos ofrece muchísimos más de ellos, y no le estamos haciendo el caso que se le tendría que hacer.

Como ya expliqué, cuando nosotros estamos subiendo nuestros libros tenemos la sección de CATEGORIAS, que en realidad son NICHOS. Ahí tenemos mucha información para entrar en más nichos... ¿SERÁ POR NICHOS, VERDAD?

Con esto creo que ya tenéis una idea de cómo buscar nuevos nichos, pero con los 3223 nichos que yo os pongo en este libro, tenéis para empezar.

Cuando hagamos o pensemos en nuestros nichos, como los que yo os facilito en este libro, tenéis que pensar que sean escalables. ¿Qué quiero decir con esto?

Supongamos que vamos a empezar a trabajar con el nicho de deporte, entonces para hacer ese nicho escalable lo que tenemos que hacer es hacer una portada (cover) con un diseño en el cual solo tengamos que modificar una o dos cosas. Puede ser una foto de fondo, un texto.

Esto nos permite modificar rápidamente el diseño o el subnicho, con lo que haremos muchos diseños en poco tiempo. En el curso pondré un video explicando este proceso. Pero básicamente es hacer lo que aparece en las siguientes imágenes.

Solo modificamos la foto y la posición de los textos, ya tendríamos dos portadas terminadas, y como el interior es igual, ya tenemos dos libros, así puedes hacer journal, notebook, hasta que la cabeza te explote.

¿Piensas que con esto terminamos? Pues no. Aquí os dejo una web que tiene todas las fechas importantes del año. También tiene los días de. Ejemplo: día de la pizza, día de la justicia social, días de la margarita. Tenéis días de todo tipo, es increíble. Por aquí dejo esta web donde podréis encontrar más nichos, muchos de ellos salieron de esta web.

www.wincalendar.com/Holiday-Calendar/

En la parte izquierda tienes la opción de ver el calendario de España, Reino Unido, Estados Unidos y muchos más. ¿Qué te parece? Tener todos los festivos y saber qué es lo que se puede vender a dos o tres meses vista.

¿Qué quiero decir con esto? Que yo preparo mis diseños de las fiestas más importantes dos o tres meses antes de que llegue esa fiesta.

Aquí os dijo una captura de la web.

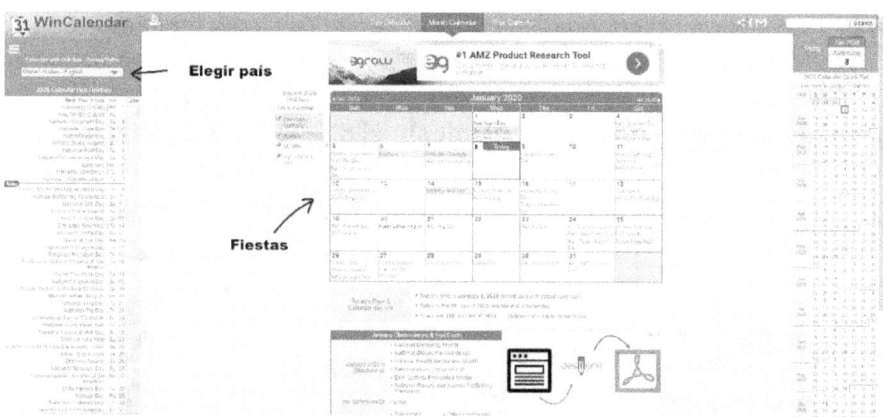

TERCER PASO
PALABRAS CLAVE Y CATEGORIAS

Cogeremos el primer nicho, **Baby Names.** Este nicho es fantástico. Todos los días nacen niños, y los padres gastan mucho dinero en ellos. Sin saberlo ya lo hacen antes de nacer y esta es una de las primeras cosas en las que piensas. Los nombres de Niños y Niñas.

Bien, ya tenemos el nicho, tener en cuenta que este proceso lo tendréis que hacer con cada uno de los nichos que tenéis aquí. Al final del libro tenéis una sorpresa.

Como siempre, tenemos que ir a Amazon y ver todo lo que hay en ese nicho, observaremos los *BSR y la cantidad de competidores que tiene esa palabra clave.

Tienes que hacer lo del PASO 2.

Ahora nos toca buscar las palabras clave para este libro que estamos creando, nombres para niños. Te lo pondré en español para que lo entiendas mejor.

Baby names > journal, notebook, para mamas embarazadas, madres primerizas, madres abogadas, madres dentistas, etc. y así podría seguir mucho y mucho más. Lo que terminamos de hacer en la palabra clave de baby name le he puesto una long tail o cola larga. Esto quiere decir que, a la hora de hacer la búsqueda, reduzco mucho la competencia, por eso hay que buscar buenas palabras clave.

***BSR** en el **Best Sellers Rank de cada libro,** esto nos permite saber aproximadamente las ventas que puede tener un libro.

Os explicaré donde encontrar el BSR:

Para tener el BSR igual que en la siguiente imagen tienes que tener instalado una extensión de Chrome y se llama: ds amazon quick view. Que ya mencioné anteriormente en las app's que yo uso.

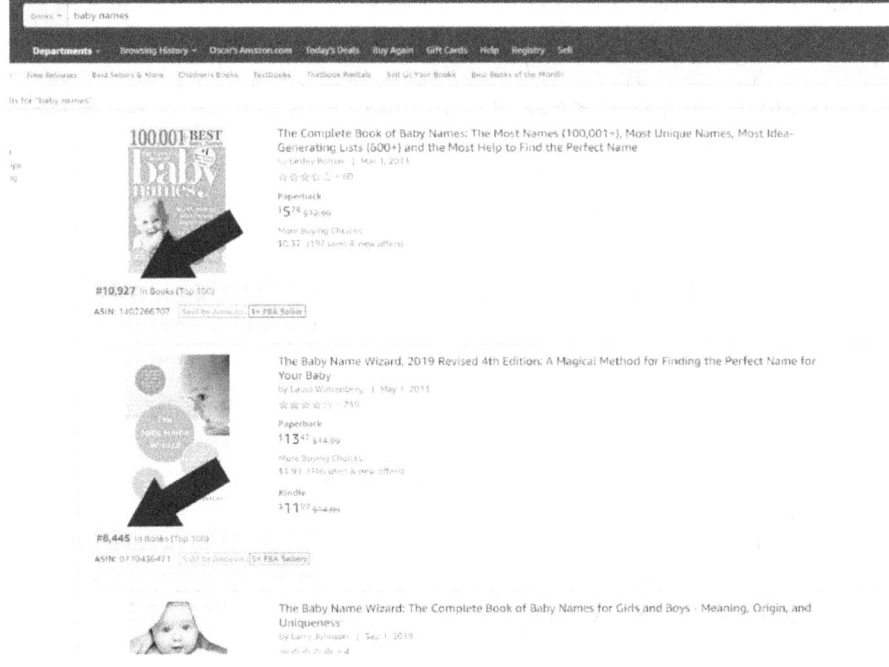

Con este accesorio te evitarás de tener que entrar en el artículo y bajar hasta llegar a Product details o detalle de producto.

TIP importante.
¿Cómo sabemos las ventas que puedes llegar a tener según el BSR que tengan los libros?

www.junglescout.com/t/sales-estimator-v2/

Cómo ganar dinero con amazon KDP en español

Para saber eso tenemos que entrar en el link que te pongo, solo tienes que copiar el BSR y ponerlo en el primer box. Ponemos el número, después el país donde quieres que te diga las ventas. No son las mismas ventas en USA que en Italia.

Y seguidamente le diremos la categoría del libro.

Y le damos a calcular

Cuando termina el cálculo nos da el resultado estimado de las ventas mensuales que tiene ese BSR. En este caso nos está dando 210 ventas al mes.

Cuando lleves más tiempo en este mundillo este tip no te hará mucha falta, porque ya harás tú mismo la estimación. Pero hasta entonces este te ayudará mucho.

Una vez que tenemos claro el BSR, sigamos por donde nos quedamos.

Ya tenemos el nicho y sabemos la manera de buscar subnicho. Este método lo tenéis que aplicar a todos los demás nichos, como ya dije anteriormente.

También es bueno investigar a la que será tu competencia, ya que ellos ya están vendiendo y seguro que tienen mejores palabras clave que tú.

Entonces abriremos los que mejor BSR tengan, en una nueva ventana.

Cuando estemos en la primera página de Amazon, con la búsqueda que realizamos con la palabra clave BABY NAMES, lo primero que tenemos que ver es la parte izquierda superior, Amazon nos dice la cantidad de libros que hay y por ende la competencia que tenemos. Mirar imagen.

Como podéis ver, tenemos mucha competencia. Entonces lo que tenemos que hacer es entrar con subnichos. ¿Por qué? Porque si solo utilizo esa palabra clave sería imposible estar entre los primeros. Y ese tiene que ser nuestro objetivo, estar entre los primeros.

Abriremos cuatro o cinco autores, los que tengan mejores BSR. Repito que mejor BSR se traduce a más ventas.

Pero también los que más competencia tienen, seguramente. Pero podemos sacar mucha información de estos autores, porque ellos ya hicieron su trabajo.

Entraremos en cada uno de ellos y miraremos e investigaremos las posibles palabras clave que tiene.

Buscaremos las palabras clave en el título, subtítulo y la descripción.

También podemos sacar palabras clave del auto completado, esta es otra extensión que tienes que tener instalada en tu navegador. Ya la puse anteriormente también.

TIP importante
AMZ Suggestion Expander.

Esta herramienta te da una información muy valiosa, porque te dice lo que la gente está buscando. Entonces podemos coger esas palabras clave o ponerlas en nuestra hoja de Word.

Ya lo expliqué, pero lo repito para que lo tengas claro, es muy eficiente para cuando llegue el momento de subir nuestros libros, solo tenemos que copiar y pegar.

También podemos buscar palabras clave en Google con la app llamada **Keyword Sufer,** ya expliqué el funcionamiento, pero a continuación lo explicaré con dos imágenes para que veáis el potencial que tiene.

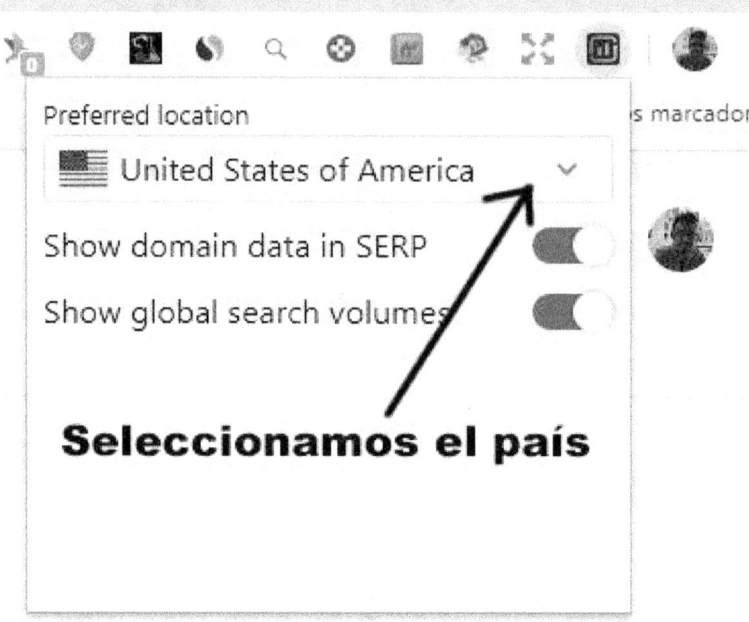

Cuando tengamos la APP instalada solo tenemos que poner el país donde queramos hacer la búsqueda, en este caso en Estados Unidos.

Cómo ganar dinero con amazon KDP en español

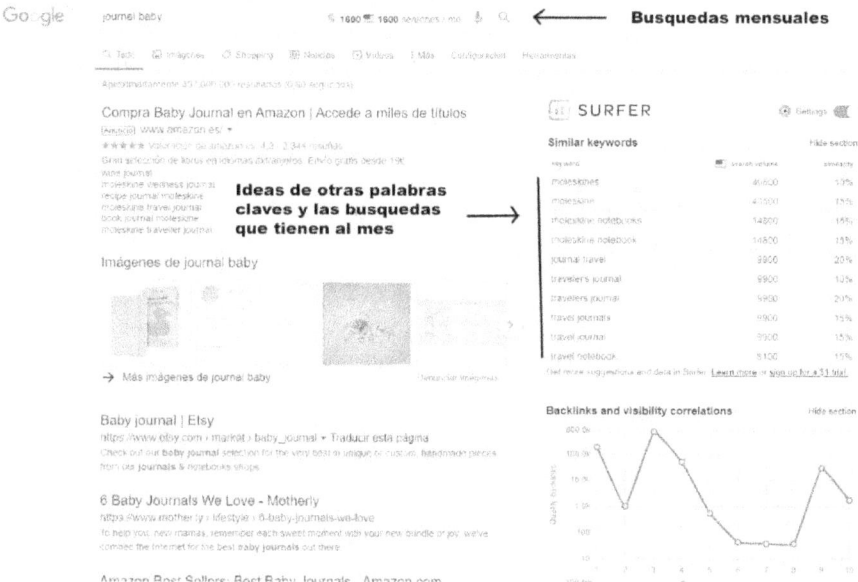

Hacemos una búsqueda por ejemplo de journal baby, justo al lado nos aparecerá una bola del mundo, esta nos dice las búsquedas a nivel mundial. Justo al lado del resultado de la bola del mundo nos aparecerá la bandera del país que elegimos, en este caso la de Estados Unidos, y nos dirá las búsquedas que tiene esa palabra clave en Estados Unidos.

En la parte derecha nos saldrá un cuadrado con más palabras clave y los resultados de búsquedas de las mismas.

Esta parte está super bien, ya que nos está dando más palabras clave y con esto, nuevas ideas de palabras clave. ¿está bien, o no? Yo creo que es fenomenal.

Una vez que comprobemos todas las palabras clave, ya las podemos poner en nuestra hoja de Word.

Si queréis que os mande un archivo con mi hoja de Word solo tenéis que poneros en contacto conmigo. Al final del libro pondré todas las formas que tenéis para contactar conmigo.

Os puedo asegurar que, si lo hacéis así, vais ahorrar mucho tiempo.

Ahora ya sabemos que es el BSR y cómo saber las ventas mensuales que tiene ese BSR, también sabemos dónde encontrar el número de competencia que tiene ese nicho.

Sabemos de dónde sacar palabras clave para utilizarlas en nuestro libro, ¡ojo! no se pueden poner palabras que estén registradas. Ya expliqué anteriormente como lo tenéis que hacer.

CUARTO PASO
CÓMO HACER UNA CAMPAÑA DE PUBLICIDAD

A continuación, voy a explicar cómo hacer una campaña de publicidad para nuestro libro. Voy a explicarlo como hacerlo sin tener que utilizar ningún software.

Tengo que decir que desde que tengo Rocket, hago las campañas con él. Pero sigo poniendo algunas a mano.

EMPECEMOS:

Estando en nuestro panel de control vamos a ir a **paso dos**, ya que el **paso uno** es para cambiar el idioma. Ponlo en el que más cómodo te encuentres, yo lo tengo en inglés.

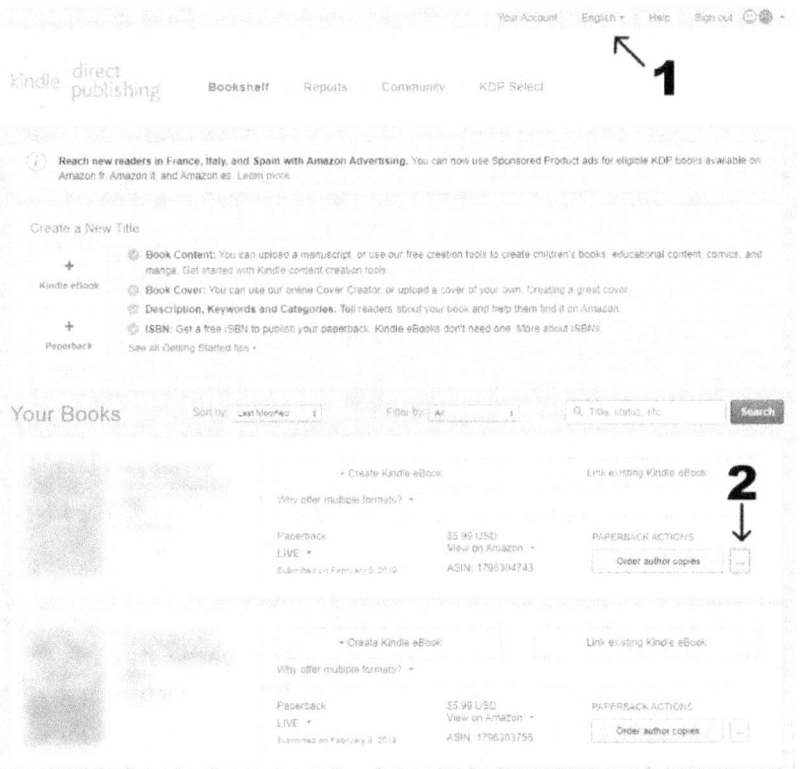

En el **paso dos** solo tenemos que hacer clic en el botón que tiene tres puntos. Se abrirá una ventana en la que nos permitirá hacer muchas cosas, editar los detalles, editar el contenido y también el precio. Pero lo que nos importa ahora mismo es hacer una campaña de publicidad,

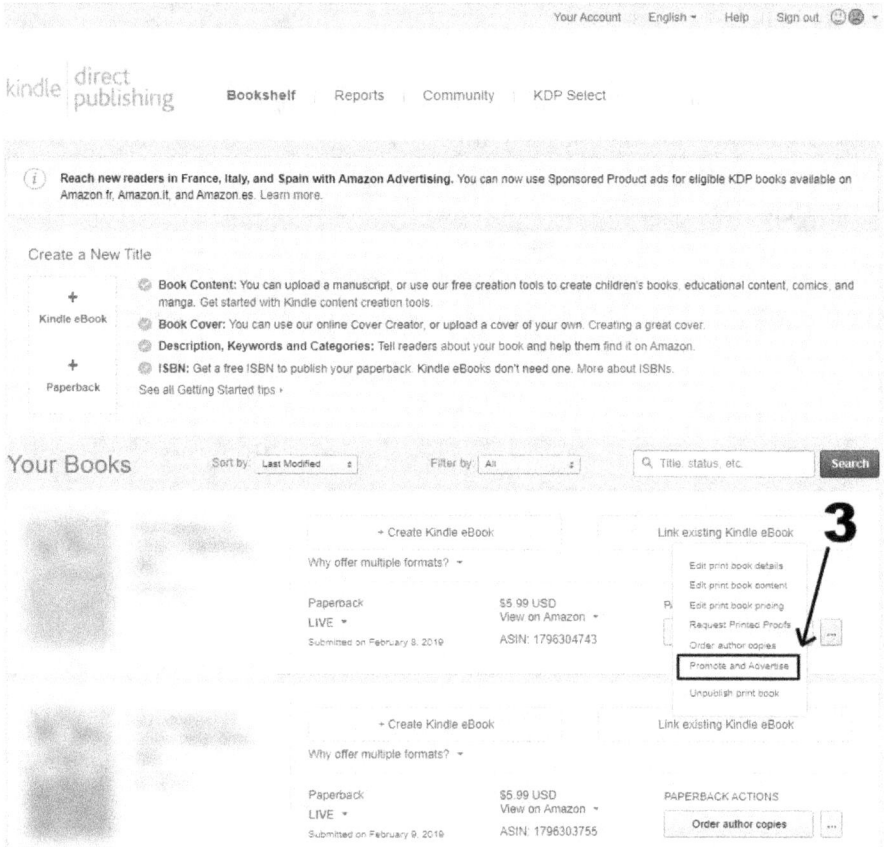

Con lo cual en este **paso tres**, tenemos que seleccionar PROMOTE AND ADVERTISE (promover nuestro libro), vamos hacer clic en él.

En el paso cuatro nos pide que elijamos dónde queremos hacer la campaña de publicidad, yo en este caso la voy hacer para Estados Unidos o lo que es lo mismo, amazon.com. Vosotros tenéis que seleccionar en el país que queréis hacer la publicidad, si es en España tendría que ser en amazon.es, etc.

Cómo ganar dinero con amazon KDP en español

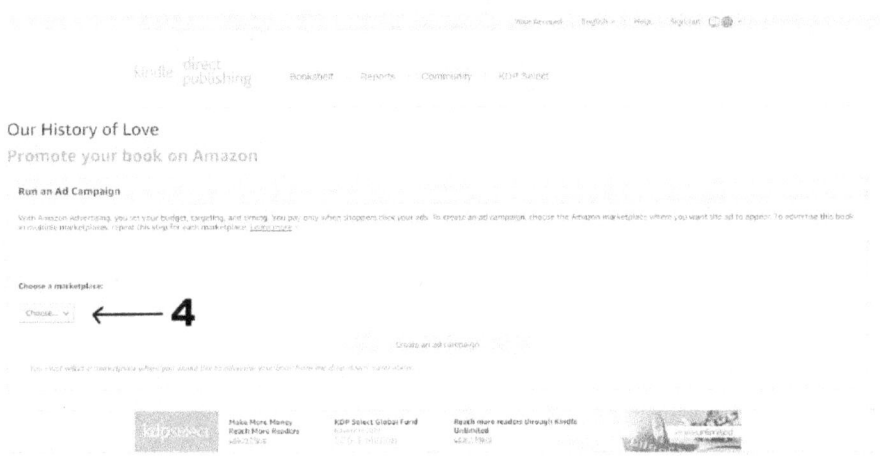

Le daremos al botón CHOOSE y nos abrirá un desplegable. Ahí es donde eliges el país. En en el **paso cinco**, y el **paso seis** es para dar inicio a la creación de la campaña (CREATE AN AD CAMPAIGN) Como podéis ver en la siguiente imagen.

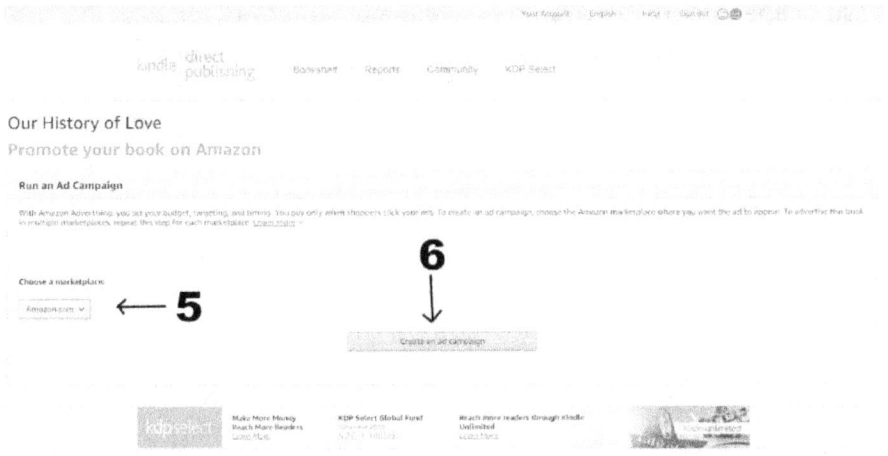

En el **paso siete**, nos saldrá esta ventana que nos dice que elijamos el tipo de campaña que queremos hacer. Yo tengo que decir que solo utilizo la de **SPONSORED PRODUCTS**. La de **Lockscreen Ads** como digo no la usé nunca, no por nada, solo porque los gurús dicen que no tiene un retorno bueno y no recomiendan que se haga de esa forma.

Y como yo soy muy obediente, lo estuve mirando, pero no hice nada de nada. Yo os animo a que miréis y ver lo que os ofrece, seguramente veáis algo que os pueda interesar para vuestro libro.

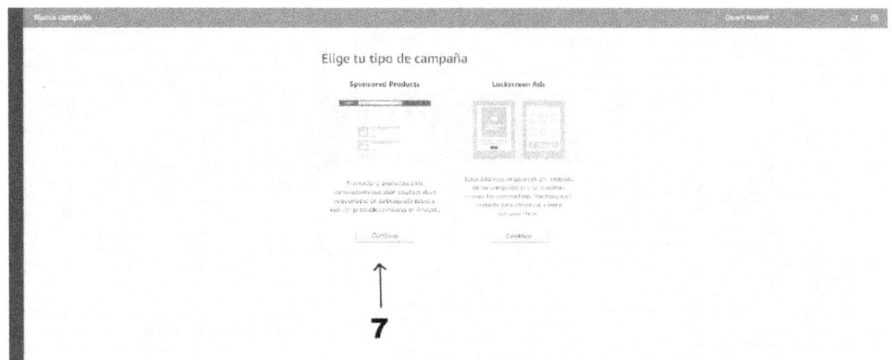

Siguiendo con el **paso ocho**, aquí ya empezamos a configurar nuestra campaña. Nos ponemos un poco serios, aquí tenemos que estar concentrados en los pasos que vamos a dar.

Paso ocho: nombre de la campaña. Aquí para diferenciar las campañas te recomiendo que las pongas con unos nombres muy específicos. Ahora al principio como es lógico no tienes que tener ninguna, pero cuando tengas muchas, tienes que tener un sistema para diferenciarlas de alguna manera.

¿Como lo hago yo?

1 abreviatura del título del libro.
2 si es manual o automática.
3 la fecha de inicio de la campaña.

Ejemplo: ActivitibookManual8-1-20

Tal y como lo veis, ¿Por qué todo junto? Cuando estéis en el panel de control de las campañas, vais a tener poco espacio por las distintas celdas que salen (lo veréis más adelante, en una imagen que analizaremos de la interface de las campañas ya creadas).

Sigamos configurando la campaña, vamos al **paso nueve**, aquí vamos elegir una cartera, ¿qué significa esto de la cartera? Pues Amazon desde hace poco ha puesto esta opción para tener más ordenadas tus campañas.

Con lo que puedes crear carteras de campañas con los nombres de niños, madres, pasatiempos, etc. Es como si creáramos carpetas para nuestros archivos de Windows. Yo no le pongo nada, esto te puede liar mucho y no te lo recomiendo, por lo menos hasta que tengas más experiencia. IMPORTANTE

Vamos con el **paso diez**. Aquí le tenemos que decir la fecha de inicio y la del final de nuestra campaña. Yo personalmente no le pongo fin, pero tengo que decir que tengo solo tres campañas a la vez.

Si ya tienes más de tres, creo que si tendríamos que poner una fecha límite para controlar más la situación.

Paso once, presupuesto diario. Yo si o si, siempre le pongo cinco dólares al día. Es muy raro que gastes los cinco dólares al día.

Paso doce, segmentación. Aquí es donde le tenemos que decir cómo queremos la campaña de publicidad, si automática o manual.

Yo recomiendo fervientemente que las campañas las hagáis manuales, por la sencilla razón de que vosotros sabéis mejor que nadie quien es vuestro público objetivo, vuestra competencia, los autores. TODO. Además, que KDP ahora nos dará muchas más palabras clave que podemos poner en nuestra campaña. Más adelante lo veréis.

Y aquí quiero dar un **TIP muy bueno**. Esas palabras clave también las podemos utilizar en nuestros siete espacios que tenemos en el formulario que rellenamos cuando estamos subiendo nuestro libro. Porque esas también son palabras que la gente está usando para hacer sus búsquedas en Amazon.

Esta es otra herramienta que puedes utilizar para buscar palabras clave.

Sigamos, le decimos que la campaña la queremos hacer manual.

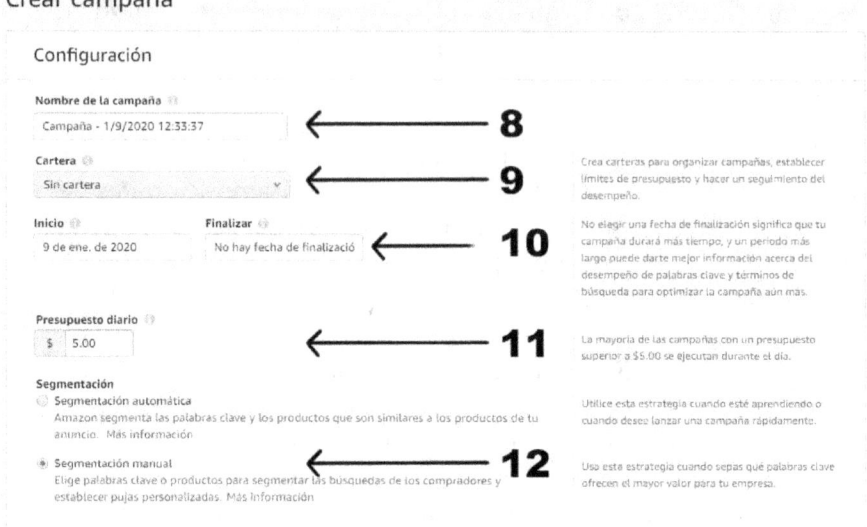

Paso trece, aquí yo siempre le pongo la que está señalada, PUJAS DINAMICAS – SOLO REDUCIR. Nos pone un diálogo que viene a decir que, si tu libro tiene la posibilidad de una venta por una puja más barata, ellos automáticamente la bajan. Vamos que si tú tienes una puja de $0,15 y Amazon detecta una posible venta de alguien que haga una búsqueda de una de las palabras clave que tú tienes y la puja es de $0,09, lo que hace es bajar esa puja. Creo que me expliqué bien.

Paso catorce ¿cómo queremos que salga nuestro anuncio? Yo siempre lo pongo en estándar. ¿Por qué? Si lo ponemos así, nuestro anuncio saldrá exactamente como se ve cuando hacen una búsqueda en Amazon.

Sin embargo, si lo ponemos personalizado nos dará la posibilidad de poner un texto, como una pequeña descripción. A mí personalmente no me gusta, porque prefiero que salgan las palabras clave que yo puse cuando rellenamos nuestro formulario. (cuando subimos el libro)

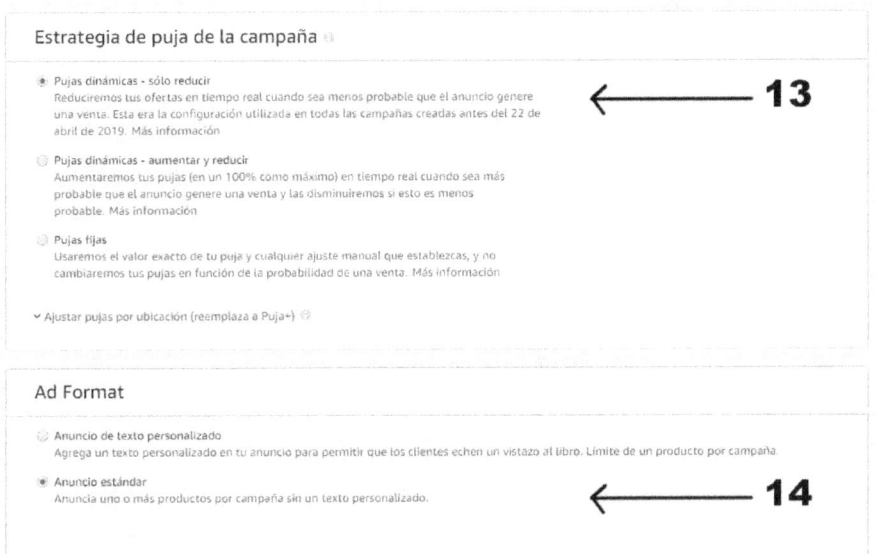

En el **paso quince**, nos deja poner un nombre a un grupo de anuncios. Esto es como la cartera, nosotros tenemos unas carteras que a su vez tienen un grupo de anuncios. Yo os recomiendo que lo hagáis sencillo, sin carteras y sin grupo de anuncios. Por lo menos al principio. Porque según el grupo de anuncios que tengáis en cada cartera, le podréis subir el precio a todas esas campañas de publicidad que tienes en esos grupos, pero eso se hace mediante la cartera que tu creas. Yo te pido encarecidamente que no hagas nada de esto hasta que tengas más experiencia. IMPORTANTE

En el nombre de grupo de anuncios, solo pon el nombre de la campaña que vayas a hacer y listo. Olvídate de lo demás.

Vamos al **paso dieciséis**, esto es para buscar nuestro libro, si lo hacemos como lo estamos haciendo desde el principio no hará falta buscar nada porque el libro aparecerá ya en la posición que aparece en el **paso dieciocho**. Lo pone automáticamente. En el **paso diecisiete** es donde aparecerán todos nuestros libros.

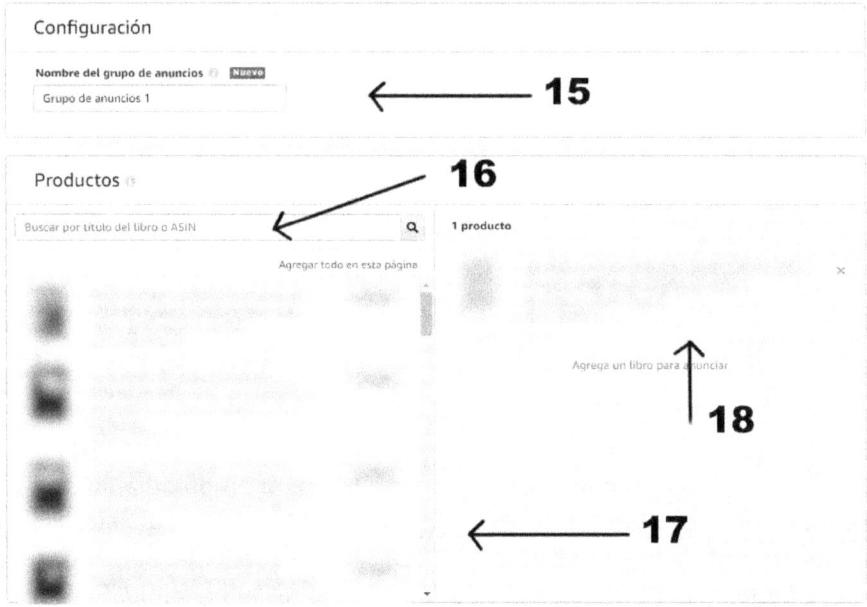

Paso diecinueve. Segmentación por palabras clave, esta es la que yo uso, y la gran mayoría de la gente que hace este tipo de campañas.

Para poner las palabras clave que nosotros queremos, tenemos que poner esta opción. Si pusiéramos la otra opción tendríamos que poner los productos de nuestra competencia, categorías, marcas.

Te invito a que lo pruebes, porque lo que no me funciona a mi te puede funcionar a ti.

Seguiremos con la opción de Segmentación por palabra clave.

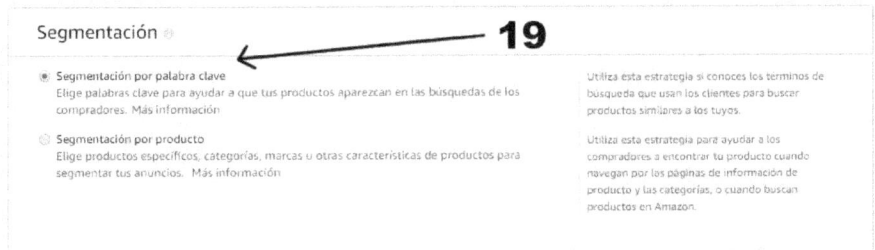

En la siguiente imagen y con esto nos vamos al **paso veinte**, estaremos en la **pestaña de Relacionado**.

Esto quiere decir que nos muestra unas palabras clave relacionadas con nuestro libro. No está nada mal si no nos queremos complicar, porque Amazon ya hizo su trabajo. Pero lo que nosotros queremos es poner NUESTRAS palabras clave.

Voy a explicar esta pestaña, **Relacionado**. Tenemos abajo el botón de **Subasta recomendada** que en el **paso veinte** explico.

Lo siguiente que nos encontramos es Filtrar por -GENERAL – FRASE – EXACTO.

Podemos poner los tres, pero yo solo le pongo general, los otros los quito. ¿Para qué sirve esto? Si ponemos general, lo que le estamos diciendo a Amazon es que mis palabras clave aparezcan siempre que se ponga una de ellas.

Si elegimos frase, solo aparecerán si el cliente que haga la búsqueda lo pone en la frase que está escribiendo.

Y exacto, es que el cliente pone justo la frase o palabra clave que tu pusiste, si no la pone, no apareces.

Y la siguiente sección es la de palabras clave que nos da Amazon, pero como nosotros no lo vamos hacer así tenemos que ir a la siguiente pestaña.

Cómo ganar dinero con amazon KDP en español

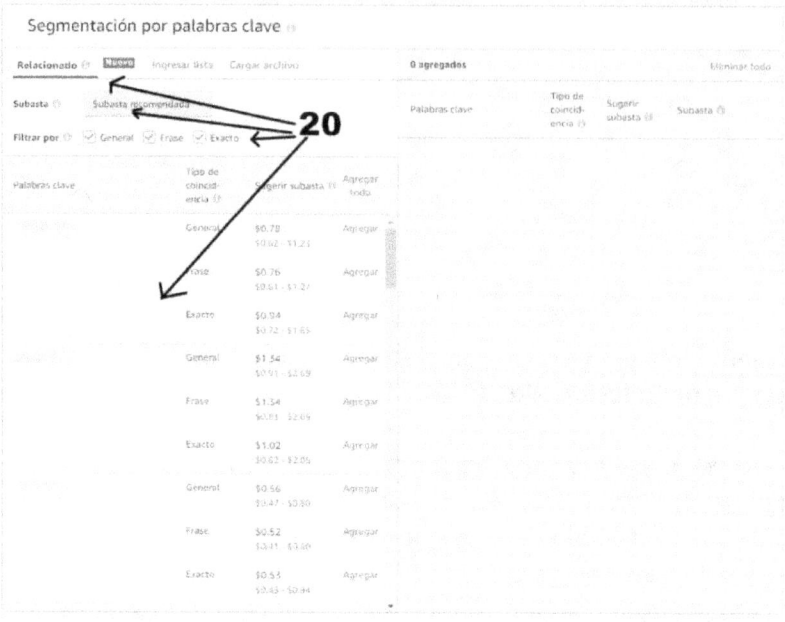

En la siguiente imagen, **paso veintiuno**, hacemos clic en **Ingresar lista**.

En el **paso veintidós**, haremos clic en el botón de **Subasta recomendada** y nos aparecerá un desplegable.

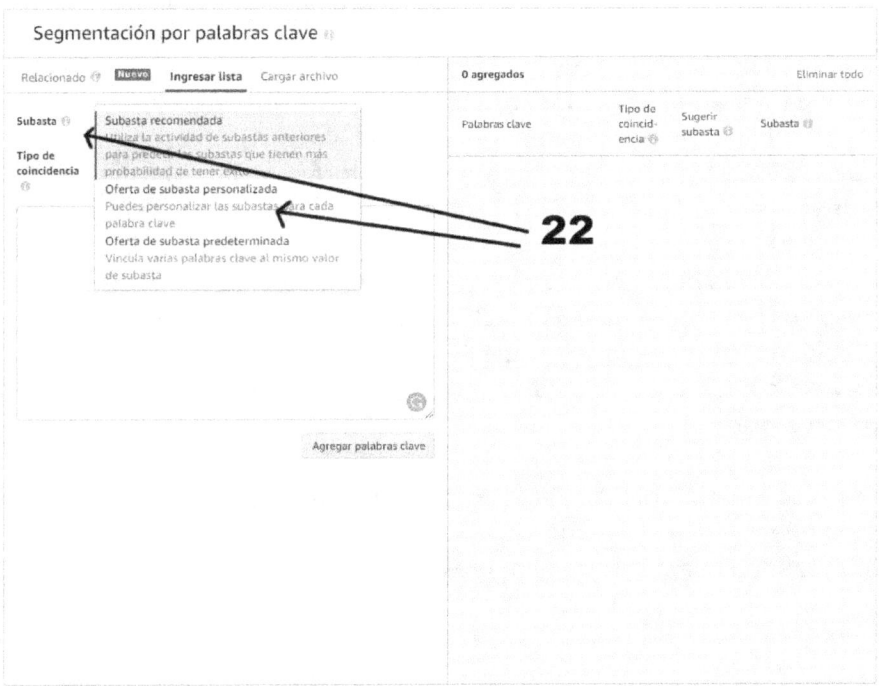

En este desplegable nos da tres opciones.

Subasta recomendada.
Oferta de subasta personalizada.
Oferta de subasta predeterminada.

Yo uso la segunda, porque me permite modificar el precio de puja de cada una de mis palabras clave. Así tendrás más control en los costes de tus palabras clave.

Como siempre digo, os invito a que experimentéis. Yo solo estoy poniendo lo que yo hago, pero no quiero que os quedéis solo con eso. Investigar.

En el **paso veintitrés**, y seleccionando la opción que yo os digo (Oferta de subasta personalizada) nos tiene que salir una casilla para poner el

coste que me quiero gastar por clic. Yo para empezar una campaña siempre pongo $0,10.
Una vez que la campaña esté funcionando, ya veremos a que palabras clave les bajaremos o subiremos el coste por clic.

En el **paso veinticuatro**, pondremos nuestras palabras clave, como es lógico eso lo tenemos que tener preparado, ya sea que hagamos nuestra investigación de palabras clave de forma manual o con el software de Rocket.

Pero si no has hecho nada de esto, Amazon nos ayuda con esto, si nosotros ponemos una palabra clave como la que se ve en la imagen (baby). Amazon nos saca un despliegue con sugerencias de palabras clave que hace la gente para esa palabra clave. Esto lo puedes ver en el **paso veinticinco**.

Lo único que tendrías que hacer clic en cada palabra clave que creas que te puede valer. Las palabras clave que vamos seleccionando se irán integrando en la casilla que apunta la fecha del **paso veinticuatro**.

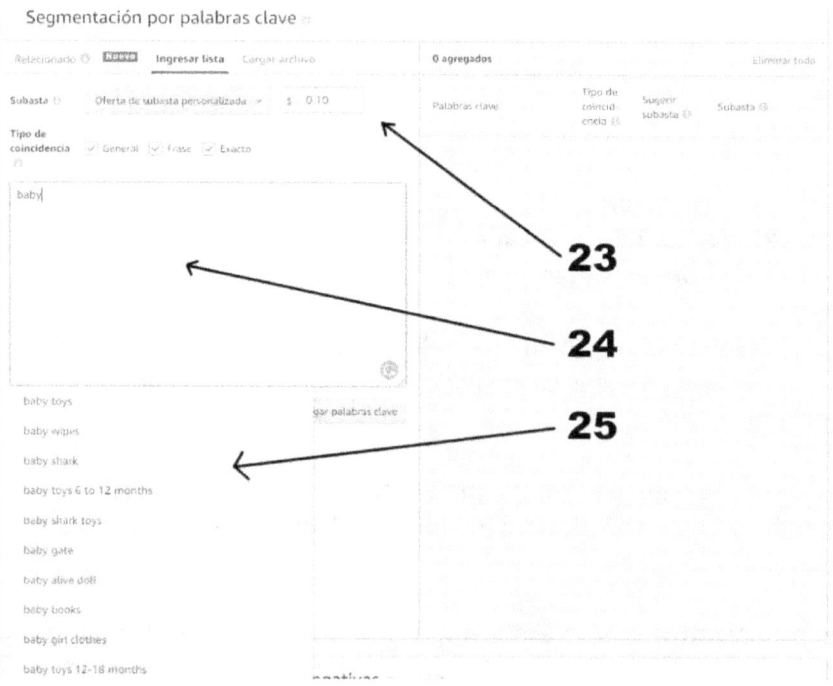

En la siguiente imágen y **paso veintiséis,** ya tendríamos algunas palabras clave seleccionadas.

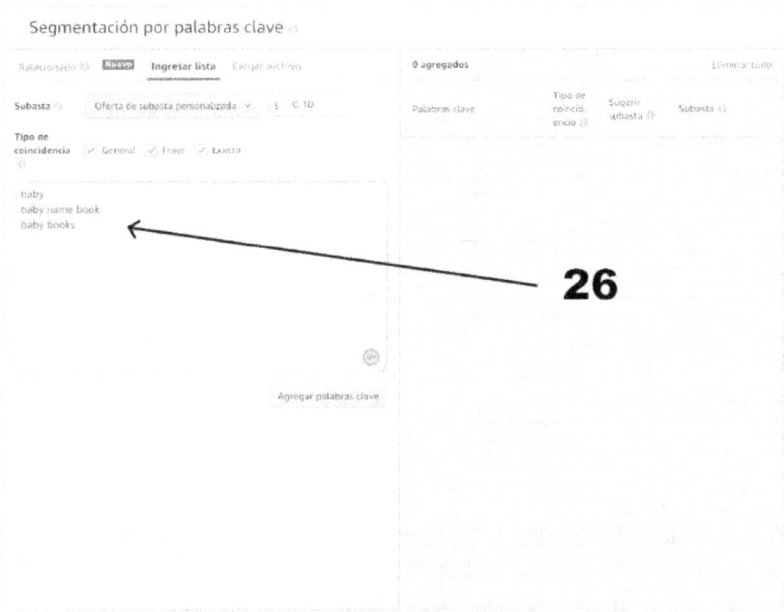

Recordar que tenéis que quitar o desmarcar de la sección de **Tipo de coincidencia,** tenéis que dejar marcada solo la de **General.** Lo puedes ver en la siguiente imágen. **Paso veintisiete.**

Después el **paso veintiocho**, solo tenemos que presionar el botón que pone **Agregar palabras clave**. Después las palabras clave aparecerán en la parte derecha, en agregados.

Cómo ganar dinero con amazon KDP en español

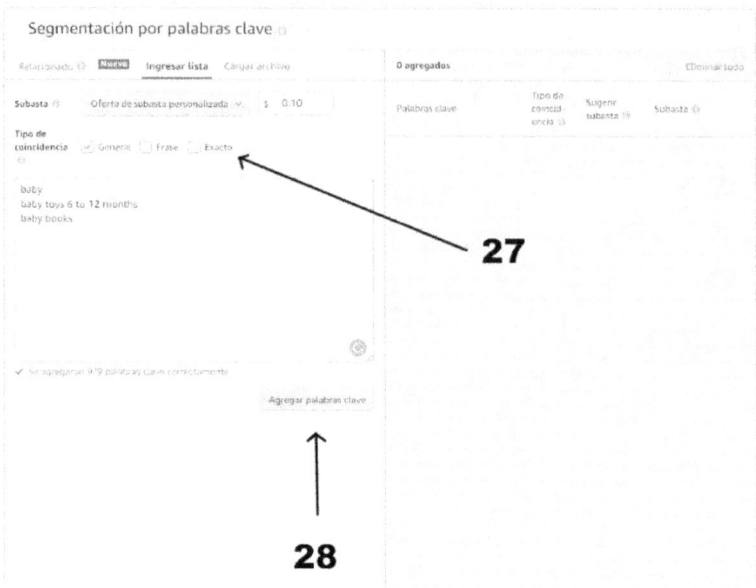

Otra manera de poner tus palabras clave es creando un archivo en Excel y después lo puedes cargar, para eso tienes que ir a la siguiente pestaña **Cargar archivos**, como puedes ver en el **paso veintinueve.**

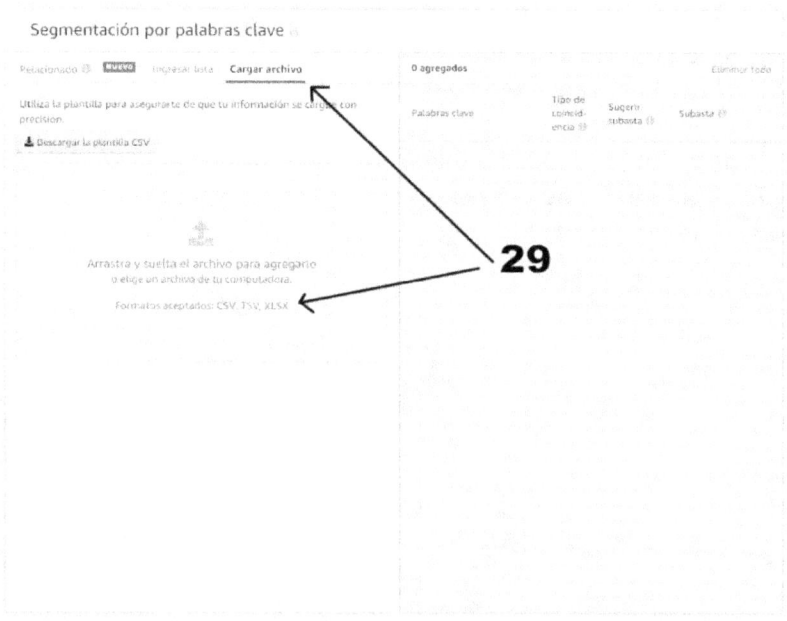

Y por último en la sección de **Segmentación por palabras clave negativas.**

Yo por el momento no úse esta sección. Pero si tienes alguna palabra clave que no quieres que aparezca cuando los clientes estén buscando tu libro, solo tienes que ponerla y dar en el botón de **Agregar palabras clave.**

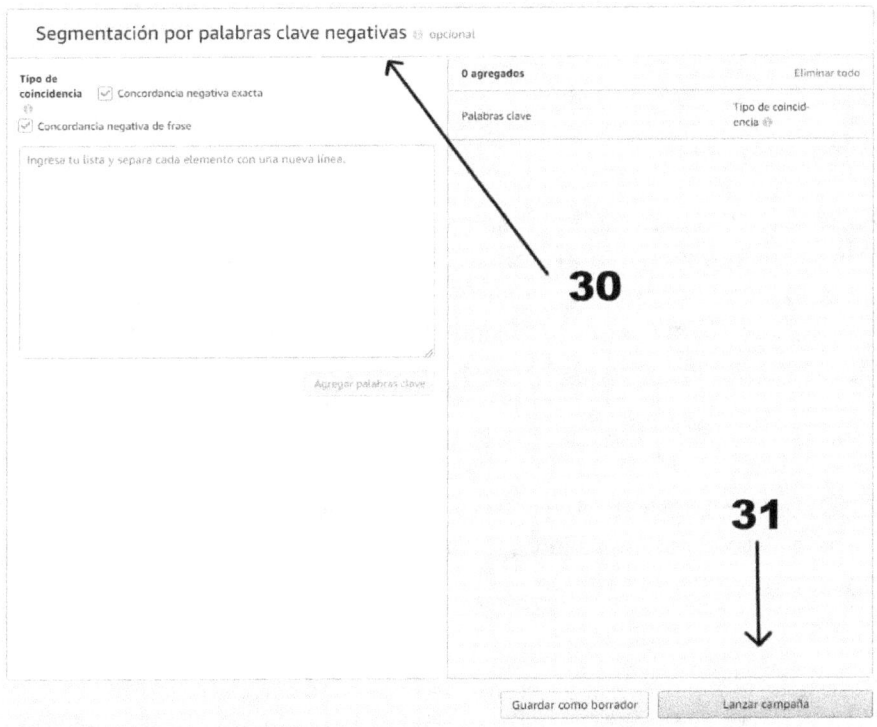

Y para terminar en **paso treinta y uno. Lanzar campaña.** Ya tendríamos creada una campaña de publicidad de nuestro libro.

Ahora voy a explicar un poco la interface de cuando nuestra campaña ya está en funcionamiento. Lo importante es que tengas un conocimiento previo del significado de toda la información que aparece. Una vez que estés más familiarizado, todo te será más fácil. Pero por lo menos tener una pequeña guía.

INTERFACE DE UNA CAMPAÑA PUBLICITARIA

Vamos a empezar.

Paso uno, en la parte superior saldrán dos accesos o botones, **todas las campañas**, también aparecerán las **carteras**. Para acceder a ambos sitios solo tenemos que hacer clic en una de ellas y nos llevarán a la sección que elijamos. Ahora mismo estamos en **Todas las campañas**.

Y esto es lo que nos sale cuando la campaña lleva en funcionamiento un mes.

Paso dos, aquí nos está dando el dato de la inversión que llevamos en un mes. Esto es lo que tenemos que pagar a Amazon a primeros del mes siguiente, si nuestra campaña es de Diciembre Amazon nos cobrará a primeros de Enero.

Paso tres, este paso es algo complicado de explicar, pero vamos a intentarlo. La cantidad que aparece en esa pestaña NO es lo que vamos a cobrar nosotros, repito. **ESA CANTIDAD NO ES LA QUE NOSOTROS VAMOS A COBRAR.**

Esa cantidad es el total del costo de libro, supongamos que tu libro cuesta $10,5. Eso es lo que está sumando Amazon, ellos suman el total del libro, con lo que, si vendes otro, en esa casilla aparecería $21.

Entonces nosotros sabemos que de los $21 le tenemos que restar lo que se queda Amazon por hacer nuestro libro, y por mandarlo.
Cuando nosotros estamos rellenando nuestro formulario para subir

nuestro libro, al final tenemos que poner el precio. Ahí nos pone el % que nos queda de cada uno de nuestros libros.

Bien, pues al precio que nosotros le pusimos a nuestro libro de $10,5, de ahí le tenemos que descontar la parte que se queda Amazon. Que como mínimo son $2.99 (según las hojas que tenga tu libro este precio puede variar). Cuando estés leyendo este libro puede que las tarifas hayan cambiado.

Entonces a los $21 que nos dice que habríamos ganado, le tendríamos que restar lo que se queda Amazon ($2.99). Entonces en realidad abríamos ganado $21-$5.98= $15.02.

No serían los $21 dólares que nos aparece en esa casilla. Después también tendríamos que descontar el importe que invertimos en nuestras palabras clave en el **Paso dos**.

Creo que me expliqué bien y se entiende todo, si no es así, tienes que ponerte en contacto conmigo, al final del libro pongo como puedes hacerlo.

Paso cuatro, el **ACOS**. Esto nos está dando un promedio de nuestras ventas. A menor número que tengamos en el ACOS, más ganancias para nosotros. ¿Por qué? Porque hace una media de la inversión que llevamos hecha hasta la fecha y la cantidad ganada. Ese es el número que nos dará el ACOS. Repito que cuanto menos sea ese porcentaje más ganancias.

Un ACOS bueno es o tiene que ser menos de 20%. Hasta el 35% o en algunos casos el 40% solo es recuperar la inversión que hiciste. Más de eso son pérdidas.

Paso cinco, impresiones. Esto nos indica la cantidad de veces que apareció en las búsquedas de Amazon.

Paso seis, aquí podéis entrar a investigar. Tenéis acceso a más herramientas, yo no las uso.

Paso siete, aquí nos está dando datos de las visualizaciones y las ventas que tenemos al día. Nos da esa información en forma de barritas para las impresiones y una línea para las ventas.

Paso ocho, en la parte derecha del número ocho tenemos un botón con el que podemos crear nuevas campañas de publicidad.

Al lado de este botón tienes un espacio para hacer búsquedas de las campañas que tienes, como ya te comenté es muy importante poner unos nombres a las campañas para después tenerlas localizadas.

El **paso nueve** es un botón para poder filtrar las búsquedas, solo tienes que seleccionar la opción que más te convenga.

Paso diez, aquí puedes poner o quitar columnas que aparecen en la parte inferior, como podeis ver salen muchas. Yo lo tengo por defecto, pero como siempre digo... investigar.

En el **paso once** puedes modificar las fechas, si quieres ver alguna en concreto solo tienes que presionar el botón y seleccionar la fecha que quieres ver.

Paso doce, este botón nos permite exportar toda la información que nos está dando, las palabras clave que más impresiones han tenido, qué palabras nos están costando más dinero y mucha más información.

Paso trece, aquí explicaremos toda la parte de la derecha, celda por celda.

Lo primero que nos sale es un **check**, si seleccionamos esto nos permitirá eliminar, guardar, entre otras cosas.

En la siguiente celda tenemos **Activo**, esto nos indica si la campaña esta activa o no. Como podéis ver debajo aparece un botón, si hacemos clic en él, lo activamos o desactivamos la campaña.

La siguiente es **Campañas**, nos dice el total de las campañas que tenemos, esto no quiere decir que estén activadas. Solo nos dice las que tenemos. Y justo debajo de eso nos saldrán los nombres de las campañas que tengamos creadas.

La siguiente celda es la de **Estado**, aquí nos dice si la campaña está activada o está en pausa.

La celda **Tipo**, nos dice el tipo de campaña que creamos, si fue automática o manual.

En las dos celdas siguientes nos sale la **fecha de inicio** y en la otra la **fecha de finalización**. Aquí sabremos cuando empezamos la campaña y cuando la finalizamos, esto es bueno porque toda esta información la tenemos en un mismo sitio y no tenemos que estar buscando por otras secciones. También nos vale para modificar la fecha de finalización de nuestra campaña. Desde ahí la podemos ampliar.

La siguiente celda es la de **Presupuesto**, nos indica el presupuesto que tenemos diario, aquí podrás modificar el presupuesto si quieres, sin necesidad de tener que entrar en la campaña.

La siguiente es la de **Inversión**, nos dice lo que llevamos invertido hasta la fecha de hoy.

En la siguiente nos dice los **Pedidos** que tenemos.

En la siguiente nos dice las **Ventas**, aquí tienes que tener en cuenta que nos dice las ventas del día anterior.

En la siguiente nos dice el **ACOS** que tiene esa campaña.

Y por último las **Acciones**, que en este caso nos permite copiar nuestra campaña con toda la información que tiene.

Y con esto terminamos todo el proceso que uso para crear mis libros y llegar donde estoy ahora mismo.

Que no es otro que estar viviendo de este gran negocio que es KDP.

A continuación, tienes los 3223 nichos, espero que te ayuden, como muchos de ellos me han ayudado a mí. Ya sabes, haz lo que pongo en el libro y pronto estarás teniendo resultados.

QUINTO PASO
3223 NICHOS

Pero vamos a lo que vamos, ya te estoy dando 3223 nichos. Lo único que tienes que hacer es ponerte manos a la obra y empezar a buscar las palabras clave, categorías y rellenar tu hoja de Word, hacer diseños para estos nichos, hacer las carátulas y los interiores, te recomiendo que hagas unos diez diseños de cada uno de ellos, no hagas más, porque tienes que comprobar si funciona o no. En caso de que no funcione ya sabes lo que tienes que hacer, ley de 80/20.

En todos los nichos que te muestro, tienes que hacer unos diseños de portadas que NO sean como los demás… (tienes que desmarcarte). Al igual que los diseños interiores, haz algo más personalizado, no solo rayas. Aunque en algunos casos solo con las rayas sea suficiente.

Ahora si, a continuación, tienes los 3223 nichos para hacer diseños de todos y cada uno de ellos.

Esto con un trabajo de investigación de palabras clave
y unas buenas descripciones tienes aseguradas las ventas.

A continuación, encontrarás unas cuadrículas con todos los nichos ordenados por familias, esto quiere decir que estarán en secciones como, FAMILIA, DEPORTE, TRABAJOS, etc.

Animales

Beekeeping	Havanese
Bird watching	English springer spaniel
Dog breeding	Pug
Falconry	Brittany
Fishkeeping	Weimaraner
Hunting	Bernese mountain dog
Dog training	Vizsla
Aquarium	Collie
Horse riding	West highland white terrier
Vivariums	Papillon
Animal breeding	Bichon frise
Labrador retriever	Bullmastiff
German shepherd	Basset hound
Golden retriever	Rhodesian ridgeback
Beagle	Newfoundland
English bulldog	Russell terrier
Yorkshire terrier	Border collie
Boxer	Akita
Poodle	Chesapeake bay retriever
Rottweiler	Miniature pinscher
Dachshund	Bloodhound
Shih tzu	Saint bernard
Doberman pinscher	Shiba inu
Miniature schnazuer	Bull terrier
French bulldog	Chinese shar-pei
German shorthaired pointer	Soft coated wheaten terrier
Siberian husky	Airedale terrier
Great dane	Portuguese water dog
Chihuahua	Whippet
Pomeranian	Alaskan malamute
Cavalier king charles spaniel	Scottish terrier
Shetland sheepdog	Australian cattle dog
Australian shepherd	Cane corso
Boston terrier	Lhasa apso

Pembroke welsh corgi	Chinese crested
Maltese	Cairn terrier
English mastiff	English cocker spaniel
Cocker spaniel	Dalmatian
Italian greyhound	Snakes
Dogue de bordeaux	Bunnies
Samoyed	Hermit crabs
Chow chow	Fish
German wirehaired pointer	Hamster
Belgian malinois	Fox
Great pyrenees	Lemur
Pekingese	Monkey
Irish setter	Mice/rat
Cardigan welsh corgi	Birds
Staffordshire bull terrier	Scamp
Irish wolfhound	Spot
Old english sheepdog	Tiger shark
American staffordshire terrier	Yellowedge grouper
Bouvier des flandres	Scamp
Greater swiss mountain dog	Ocicat
Japanese chin	Oriental
Tibetan terrier	Persian
Brussles griffon	Ragamuffin
Wirehaired pointing griffon	Ragdoll cats
Border terrier	Russian blue
English setter	Savannah
Basenji	Scottish fold
Standard schnauzer	Selkirk rex
Silky terrier	Siamese cat
Flat coated retriever	Siberian
Norwich terrier	Singapura
Afghan hound	Snowshoe
Giant schnauzer	Somali
Borzoi	Sphynx
Wire fox terrier	Tonkinese
Jack russell terrier	Turkish angora
Schipperke	Turkish van

Gordon setter	Albacore
Keeshond	Dolphin
Dog	Hickory shad
Cats	Little tunny
Lizards	Pinfish
Turtles	White marlin
Abyssinian	Bank sea bass
American bobtail	Blacktip shark
American curl	Cobia
American shorthair	"gray trout (weakfish)"
American wirehair	Knobbed porgy
Balinese	Oyster toadfish
Bengal cats	Red snapper
Birman	Silver perch
Bombay	Speckled hind
British shorthair	Swordfish
Burmese	White grunt
Burmilla	Barracuda
Chartreux	Bluefish
Chinese li hua	Croaker
Colorpoint shorthair	Hammerhead
Cornish rex	Lizardfish
Cymric	Pigfish
Egyptian mau	Sailfish
European burmese	Silver snapper
Exotic	Spottail pinfish
Havana brown	Tarpon
Himalayan	Yellowfin tuna
Japanese bobtail	Bigeye tuna
Javanese	Bluefin tuna
Korat	Norwegian forest
Laperm	Blackfin tuna
Maine coon	Blue marlin
Manx	Flounder
Nebelung	Hogfish
Mako shark	Red drum
Pompano	Searobin

Sea mullet	Spadefish
Skipjack tuna	Stingray
Spotted trout	Wahoo
Vermillion snapper	Atlantic bonito
Amberjack	Black sea bass
Black drum	Butterfish
Blueline tilefish	Gray triggerfish
Gag grouper	King mackerel
Jumping mullet	Northern puffer
Menhaden	Red grouper
Spanish mackerel	Sheepshead
Striped bass	

Deporte

Aerobics	Aikido
Airsoft	American football
Aquathlon	Archery
Arena	Artistic gymnastics
Athlete	Backpacking
Backstroke	Badminton
Ball	Ballet dancing
Ballooning	Barrel racing
Base hit	Baseball
Baseball bat	Baseball/softball
Basket	Basketball
Baton twirling	Belly dancing
Biathlon	Bird watching
Bobsleigh	Bodyboarding
Bodybuilding	Bouldering
Bowling	Boxing
Bridge	Bungee jumping
Butterfly collecting and watching	Butterfly stroke
Canoeing	Capoeira
Catcher	Checkers
Cheerleading	Chess

Climbing	Coach
Court	Cricket
Cross-country cycling	Cross-country equestrianism
Cross-country running	Cross-country skiing
Cross-stitch	Crossfit
Curling	Cycling
Dancing	Darts
Decathlon	Defeat
Defense	Disc golf scene
Discus throw	Diving
Dodgeball	Draw
Dribble	Drifting
Equestrianism	Fencing
Field	Figure skating
Fishing	Fitness
Fly fishing	Foosball
Football	Formula racing
Foul	Four wheeling
Free throw	Freediving
Freestyle swimming	Frisbee golf shirt for women
Gardening	Geocaching
Ghosthunting	Goal
Goalkeeper	Gold panning
Golf	Golfing
Gym	Gymkhana
Handball	Hang gliding
Heptathlon	Hiking
Hockey	Home run
Hoop	Horse racing
Horse riding	Horseball
Hot air ballooning	Hurling
Ice hockey	Ice skating
Javelin	Jockey
Jogging	Judo
Karate	Kart racing
Kayaking	Kendo
Kickball	Kickboxing

Kiteboarding	Kitesurfing
Kung fu	Lacrosse
Lane	Lap
Laser tag	Long jump
Mahjong	Marathon
Martial arts	Medal
Mixed martial arts	Mountain climbing
Mountaineering	Muay thai
Nature walking	Olympic games
Olympic pool	Olympic swimming
Olympics	Organic gardening
Paddle	Paddleboarding
Paintball	Paintballing
Parachuting	Paragliding
Parasailing	Parkour
Pass	Penalty
Petanque	Pinball
Ping pong	Pitcher
Player	Pole vault
Polo	Pool supplies
Powerlifting	Puck
Racer	Racetrack
Racewalking	Racing(nascar)
Racquet	Racquetball
Rafting	Rafting/canoeing
Rallycross	Record
Referee	Rhythmic gymnastics
Ring	Rinkball
Rock climbing	Rounders
Rowing	Rugby
Running shoes	Sailing
Score	Scuba diving
Shirt for ultimate frisbee kids	Skateboard
Skateboarding	Skates
Skeleton	Ski boot
Skibobbing	Skiing
Skydiving	Skysurfing

Slam dunk	Snorkeling
Snowboarding	Soccer
Softball	Spelunking
Sportsmanship	Sprint
Squash	Stadium
Sumo	Surfing
Swimmer	Swimming
Sword-fighting	Synchronized swimming
Table tennis	Taekwondo
Team	Tennis
Tie	Time-out
Tombstone rubbing	Tournament
Track	Track & field
Trail running	Trampolining
Travel	Triathlon
Tumbling	Ufc
Ultimate	Ultimate frisbee
Unicycling basketball	Unicycling handball
Unicycling hockey	Velodrome
Volleyball	Wakeboarding
Walking	Water polo
Water sports	Weightlifting
Whistle	Windsurfing
Winter sports	Wrestling
Yoga	

Familia

Diy	Unemployment
Coins	Stamps
Memorabilia	Clocks
Sports cards	Model trains
Antiques	Artwork
Musical works like cd's or albums	Posters
Butterflies/insects	Wine
Books	Snow globes

Cómo ganar dinero con amazon KDP en español

Swords	Movies
Bottles	Insects
Bottles and cans	Classic video games
Comic books	Crystals and rocks
Currency	Fountain pens
Fossils	Guns
Knives	Miniature figures
Postcards	Scale models
Terry bears	Toys
Coasters	Matchboxes
Cameras	Calendars
Rocks & minerals	Hummels
Business cards	Pinball machines/ arcade games
Arrow heads	Learn an instrument
Collect music like cd's or albums	Composing music
Karaoke	Classical guitar
Card games	Child care homes
Bible	Business 2
Books for children	Advent devotional
Estrangement	Handyman
Happiness	Heritage journal
Games for kids and adults	Gratitude journal
Gifts for christmas	Guy book
Interrupted	Keto cookbook
Kitchen	Medicine
Memory journal	Ministry field guide
Nurse practitioner certification	Alcoholics
Secrets	Papers stein
Pictures	Recipes journal
Reunion planning	Travel journal
Tree book you fill in	Violence
Law	Lexicon
Word finder	

Hobbies

Cómo ganar dinero con amazon KDP en español

Astronomy	Microscopy
Model rocketry	Model airplanes
Electronics	Telescope making
Spelunking	Rock collecting
Electronic hobbies	Hairstyling
Magic and sleight of hand	Metal detecting/treasure hunting
Photography	Journaling/writing
Performing arts	Modeling
Do it yourself	Astrophotography
Darkroom	Portraiture photos
Kite and rocket aerial photography	Reenactment: sca/medieval/civil war
Bonsai	Body building
Treasure hunting	Geo caching
Map making	Writing
Photography	Nature photography
Astrology	Tarot and card reading
Body art/tattoos/piercings	Tie dyeing
Dumpster diving	Geneaology
Antiquing	People watching
Taxidermy	Fly tying (for fly fishing)
Makingwalking sticks	Aircraft spotting
Airbrushing	Airsofting
Acting	Aeromodeling
Amateur astronomy	Amateur radio
Animals/pets/dogs	Archery
Arts	Aquarium (freshwater & saltwater)
Astrology	Astronomy
Backgammon	Badminton
Baseball	Base jumping
Basketball	Beach/sun tanning
Beachcombing	Beadwork
Beatboxing	Becoming a child advocate
Bell ringing	Belly dancing
Bicycling	Bicycle polo
Bird watching	Birding

Cómo ganar dinero con amazon KDP en español

Bmx	Blacksmithing
Blogging	Boardgames
Boating	Body building
Bonsai tree	Bookbinding
Boomerangs	Bowling
Brewing beer	Bridge building
Bringing food to the disabled	Building a house for habitat for humanity
Building dollhouses	Butterfly watching
Button collecting	Cake decorating
Calligraphy	Camping
Candle making	Canoeing
Cartooning	Car racing
Casino gambling	Cave diving
Ceramics	Cheerleading
Chess	Church/church activities
Cigar smoking	Cloud watching
Coin collecting	Collecting
Collecting antiques	Collecting artwork
Collecting hats	Collecting music albums
Collecting rpm records	Collecting sports cards (baseball, football, basketball, hockey)
Collecting swords	Coloring
Compose music	Computer activities
Conworlding	Cooking
Cosplay	Crafts
Crafts (unspecified)	Crochet
Crocheting	Cross-stitch
Crossword puzzles	Dancing
Darts	Diecast collectibles
Digital photography	Dodgeball
Dolls	Dominoes
Drawing	Dumpster diving
Eating out	Educational courses
Electronics	Embroidery
Entertaining	Exercise (aerobics, weights)
Falconry	Fast cars

Cómo ganar dinero con amazon KDP en español

Felting	Fencing
Fire poi	Fishing
Floorball	Floral arrangements
Fly tying	Football
Four wheeling	Freshwater aquariums
Frisbee golf – frolf	Games
Gardening	Garage saleing
Genealogy	Geocaching
Ghost hunting	Glowsticking
Gnoming	Going to movies
Golf	Go kart racing
Grip strength	Guitar
Gunsmithing	Gun collecting
Gymnastics	Gyotaku
Handwriting analysis	Hang gliding
Herping	Hiking
Home brewing	Home repair
Home theater	Horse riding
Hot air ballooning	Hula hooping
Hunting	Iceskating
Illusion	Impersonations
Internet	Inventing
Jet engines	Jewelry making
Jigsaw puzzles	Juggling
Keep a journal	Jump roping
Kayaking	Kitchen chemistry
Kites	Kite boarding
Knitting	Knotting
Lasers	Lawn darts
Learn to play poker	Learning a foreign language
Learning an instrument	Learning to pilot a plane
Leathercrafting	Legos
Letterboxing	Listening to music
Locksport	Lacrosse
Macramé	Magic
Making model cars	Marksmanship
Martial arts	Matchstick modeling

Cómo ganar dinero con amazon KDP en español

Meditation	Microscopy
Metal detecting	Model railroading
Model rockets	Modeling ships
Models	Motorcycles
Mountain biking	Mountain climbing
Musical instruments	Nail art
Needlepoint	Owning an antique car
Origami	Painting
Paintball	Papermaking
Papermache	Parachuting
Paragliding or power paragliding	Parkour
People watching	Photography
Piano	Pinochle
Pipe smoking	Planking
Playing music	Playing team sports
Pole dancing	Pottery
Powerboking	Protesting
Puppetry	Pyrotechnics
Quilting	Racing pigeons
Rafting	Railfans
Rapping	R/c boats
R/c cars	R/c helicopters
R/c planes	Reading
Reading to the elderly	Relaxing
Renaissance faire	Renting movies
Rescuing abused or abandoned animals	Robotics
Rock balancing	Rock collecting
Rockets	Rocking aids babies
Roleplaying	Running
Saltwater aquariums	Sand castles
Scrapbooking	Scuba diving
Self defense	Sewing
Shark fishing	Skeet shooting
Skiing	Shopping
Singing in choir	Skateboarding
Sketching	Sky diving

Cómo ganar dinero con amazon KDP en español

Slack lining	Sleeping
Slingshots	Slot car racing
Snorkeling	Snowboarding
Soap making	Soccer
Socializing with friends/neighbors	Speed cubing (rubix cube)
Spelunkering	Spending time with family/kids
Stamp collecting	Storm chasing
Storytelling	String figures
Surfing	Surf fishing
Survival	Swimming
Tatting	Taxidermy
Tea tasting	Tennis
Tesla coils	Tetris
Texting	Textiles
Tombstone rubbing	Tool collecting
Toy collecting	Train collecting
Train spotting	Traveling
Treasure hunting	Trekkie
Tutoring children	Tv watching
Ultimate frisbee	Urban exploration
Video games	Violin
Volunteer	Walking
Warhammer	Watching sporting events
Weather watcher	Weightlifting
Windsurfing	Wine making
Wingsuit flying	Woodworking
Working in a food pantry	Working on cars
World record breaking	Wrestling
Writing	Writing music
Writing songs	Yoga
Yoyo	Ziplining
Zumba	Reading
Watching tv	Family time
Going to movies	Fishing
Computer	Gardening
Renting movies	Walking
Exercise	Listening to music

Entertaining	Hunting
Team sports	Shopping
Traveling	Sleeping
Socializing	Sewing
Golf	Church activities
Relaxing	Playing music
Housework	Crafts
Watching sports	Bicycling
Playing cards	Hiking
Cooking	Eating out
Dating online	Swimming
Camping	Skiing
Working on cars	Writing
Boating	Motorcycling
Animal care	Bowling
Painting	Running
Dancing	Horseback riding
Tennis	Theater
Billiards	Beach
Volunteer work	

Trabajos

Abrasive-coating-machineoperator	Abrasive-graderhelper
Abrasive-mixerhelper	Abrasive-wheelmolder
Absorption-and-adsorptionengineer	Absorptionoperator
Abstractor	Academicdean
Acceleratoroperator	Accident-prevention-squadpoliceofficer
Accountant	Administrativeassistant
Alum-plantoperator	Aluminum-poolinstaller
Alumnisecretary	Amalgamator
Ambulanceattendant	Ambulancedriver
Ammonia-stilloperator	Architect
Artdirector	Artist,suspect

Assayer	Attendanceofficer
Audiometrist	Auditor
Autoclaveoperator	Automaticbandsawtender
Automechanic	Automobilemechanic
Autoroller	Avionicstechnician
Awningmaker-and-installer	Baker
Baker,head	Baker,pizza
Baker,second	Baker,test
Bakerapprentice	Bakerhelper
Bakery-machine-mechanicsupervisor	Bakery-machinemechanic
Bakerysupervisor	Bakeryworker,conveyorline
Balance-bridgeassembler	Balanceassembler
Balancer,scale	Balancerecesser
Balancetruer	Balancing-machineoperator
Balancing-machineset-upworker	Balconyworker
Bale-tie-machineoperator	Baler
Balesewer	Baling-machinetender
Ballassembler	Binder-and-wrapperpacker
Binder,lockstitch	Bindery-machinefeeder-offbearer
Bindery-machinesetter	Binderyworker
Bindingcutter,syntheticcloth	Bindingfolder,machine
Bindingprinter	Biochemist
Biochemistrytechnologist	Bladebalancer
Bladegroover	Blanching-machineoperator
Blanket-cutting-machineoperator	Blanket-winderhelper
Blanket-winderoperator	Blanketwasher
Blankmaker	Blast-furnace-keeperhelper
Blast-furnacekeeper	Blaster
Blasterhelper	Blasting-capassembler
Bleach-boilerfiller	Bleacher,lard
Bleacher,pulp	Bleacheroperator
Bleachpacker	Blending-machineoperator
Blending-plantoperator	Blending-tanktender

Blending-tanktenderhelper	Blind-slat-stapling-machineoperator
Blindaide	Blindstitch-machineoperator
Blintzeroller	Block-breakeroperator
Blocker	Blockfeeder
Blockinspector	Blockmaker
Boil-off-machineoperator,cloth	Boiler-operatorhelper
Boiler-out	Boiler-roomhelper
Boilerhouseinspector	Boilerhousemechanic
Boilermakerapprentice	Boilermakerfitter
Boilermakerhelperi	Boilermakerhelperii
Boilermakeri	Boilermakerii
Boileroperator	Boilerreliner,plasticblock
Boiling-tuboperator	Bolter
Boltloader	Bookkeeping,accounting,&auditclerk
Break-offworker	Breaker-machineoperator
Breaker-machinetender	Breaker-up-machineoperator
Breaking-machineoperator	Brewerycellarworker
Briar-woodsorter	Briarcutter
Brick-and-tile-making-machineoperator	Bricklayer
Brickmason&blockmason	Bricksetteroperator
Bricktester	Brickunloadertender
Brush-fabricationsupervisor	Brush-headmaker
Brush-machinesetter	Brusher
Brusher,machine	Brushpolisher
Bucker	Bucketchucker
Bucketoperator	Bucketturner
Buffer	Buffer,machine
Buffing-and-polishing-wheelrepairer	Buffing-and-sueding-machineoperator
Buffing-lineset-upworker	Buffing-machineoperator
Buffingturner-and-counter	Busdriver
Businessoperationsmanager	Calender-wind-uptender
Calibrationlaboratorytechnician	Calibrator

Candy-makerhelper	Candypuller
Candyspreader	Canecutter
Carpenter	Cashier
Cellrepairer	Cellstripper
Celltender	Celltester
Cementmason&concretefinisher	Chairinspectorandleveler
Chairupholsterer	Chalk-extruding-machineoperator
Chalk-molding-machineoperator	Chalkcutter
Chemist	Chemist,food
Chemist,instrumentation	Chemist,wastewater-treatmentplant
Chemist,waterpurification	Child&familysocialworker
Chipping-machineoperator	Chiropractor
Chiropractorassistant	Chlorinatoroperator
Chocolate-production-machineoperator	Chocolatemolder,machine
Chocolatetemperer	Civilengineer
Clinicallaboratorytechnician	Clinicalsocialworker
Complianceofficer	Computerprogrammer
Computersystemsadministrator	Constructionmanager
Constructionworker	Corn-pressoperator
Cornerformer	Correctionofficer,head
Correspondence-reviewclerk	Corrugatoroperator
Cosmeticspresser	Cosmetologistapprentice
Costestimator	Costumerassistant
Cottage-cheesemaker	Cotton-rollpacker
Cottondispatcher	Cottonwasher
Counselor,camp	Counselor,nursesassociation
Counter-supplyworker	Counter,hand
Counterattendant,lunchroomorcoffeeshop	Counterclerk
Countermolder	Coupling-machineoperator
Covering-machineoperator	Coverinspector
Cowpuncher	Crabber

Cómo ganar dinero con amazon KDP en español

Cracking-unitoperator	Crane-crewsupervisor
Crater	Crayon-sorting-machinefeeder
Creditanalyst	Creditclerk
Creditreportingclerk	Creelclerk
Creping-machineoperator	Crewscheduler,chief
Crimping-machineoperator	Critic
Crosscutter,rolledglass	Crown-wheelassembler
Crownattacher	Cruiser
Crusher-and-blenderoperator	Crusheroperator
Crushertender	Crystalcutter
Crystallizeroperator	Crystalmachiningcoordinator
Cuffcutter	Cupolacharger,insulation
Cupolapatcher	Cuprous-chlorideoperator
Curb-machineoperator	Curing-oventender
Curtain-rollerassembler	Custom-leather-productsmaker
Customerservicerepresentative	Customerservicerepresentativesupervisor
Customskimaker	Cut-and-coverlineworker
Cut-lace-machineoperator	Cut-off-machineoperator
Cut-off-sawoperatorii	Cutter
Cutter,aluminumsheet	Cutter,frozenmeat
Cutter,handii	Cutter,machineii
Cutter,woodwindreeds	Cutterapprentice,hand
Cutting-machineoffbearer	Cutting-machinetender,decorative
Cuttingsupervisor	Cylinder-machineoperator
Cylindergrinder	Dairyhelper
Dancer	Databaseadministrator
Datarecoveryplanner	De-ionizeroperator
Debrander	Debubblizer
Deburrer,printedcircuitboardpanels	Deburring-and-tooling-machineoperator
Decay-controloperator	Deckhand
Decorating-and-assemblysupervisor	Decorator
Decorator,lightingfixtures	Decorator,streetandbuilding
Defectrepairer,glassware	Definer

Dehairing-machinetender	Deicer-elementwinder,hand
Deicerassembler,electric	Deicerinspector,electric
Deliverytruckdriver	Demolitionspecialist
Demonstrator,knitting	Dental-amalgamprocessor
Dental-laboratory-technicianapprentice	Dentalassistant
Dentalceramistassistant	Dentalhygienist
Dentist	Deoiling-machineandpasteurizing-machineoperator
Depositclerk	Deputysheriff,civildivision
Deputysheriff,grandjury	Dermatologist
Derrick-boatcaptain	Designengineer,marineequipment
Designer	Designprinter,balloon
Deskclerk,bowlingfloor	Deskidding-machineoperator
Destaticizerfeeder	Detacker
Detailer,schoolphotographs	Detective,narcoticsandvice
Detectivechief	Detonatorassembler
Developer,automatic	Devulcanizercharger
Diagnosticmedicalsonographer	Diagrammerandseamer
Dialmarker	Diamond-diepolisher
Diamondblender	Diamondexpert
Dicemaker	Die-casting-machineoperatori
Die-casting-machineoperatorii	Die-cutting-machineoperator,automatic
Die-try-outworker,stamping	Dieattachingmachinetender
Diecleaner	Diefinisher
Dielectric-pressoperator	Diemaker
Diemaker,trim	Diesel-engineerector
Diesel-mechanichelper	Dietitian,clinical
Dietitian,consultant	Dietitian,research
Digesteroperator	Digitizeroperator
Dining-serviceinspector	Dipper,clockandwatchhands
Direct-mailclerk	Director,casting
Director,daycarecenter	Director,educationalprogram
Director,extensionwork	Director,industrialrelations

Director,motionpicture	Director,occupationalhealthnursing
Director,recordsmanagement	Director,research
Director,specialeducation	Director,stage
Director,underwritersolicitation	Director,vocationaltraining
Directorofguidanceinpublicschools	Directorofplacement
Discjockey	Disk-and-tape-machinetender
Dispatcher	Dispatcher,busandtrolley
Dispatcher,chief,serviceorwork	Dispatcher,motorvehicle
Dispatcher,radio	Dispatcher,securityguard
Dispatcher,serviceorwork	Dispatcher,trafficorsystem
Displayfabricator	Dissolveroperator
Distillerii	Distresser
Distribution-fieldengineer	Districtsupervisor,mud-analysiswelllogging
Dividendclerk	Dockhand
Doctor,naturopathic	Documentation-billingclerk
Doggroomer	Doglicenser
Door-machineoperator	Doorassembleri
Double	Dough-mixeroperator
Dovetail-machineoperator	Dowel-machineoperator
Drafter,automotivedesignlayout	Drafter,commercial
Drafter,heatingandventilating	Drafter,plumbing
Draper	Draw-bench-operatorhelper
Draw-frametender	Drawer-inhelper,hand
Drawing-frametender	Drawing-in-machine-tenderhelper
Drier	Drier-take-offtender
Driertender	Drill-pressoperator,numericalcontrol
Driller	Driller,hand
Driver	Driverhelper,salesroute
Drivers'-cashclerk	Drop-wirebuilder
Drum-drieroperator	Dry-celltester

Dry-houseattendant	Dry-pancharger
Dry-starchoperator,automatic	Drycleaner
Drying-roomattendant	Dulser
Duplicating-machineoperatori	Dustlessoperator
Dustmixer	Dye-reeloperator
Dye-weigherhelper	Dyer
Ear-muffassembler	Edgegrinder
Edging-machinesetter	Editor,index
Editor,map	Editor,publications
Eggcandler	Elasticattacher,overlock
Electric-celltender	Electric-motor-and-generatorassembler
Electric-signassembler	Electrical-appliance-servicersupervisor
Electrical-equipmenttester	Electrician
Electrician,office	Electriciansupervisor,substation
Electricmotorrepairingsupervisor	Electrocardiographtechnician
Electromyographictechnician	Electronicequipmentset-upoperator
Electronicsassembler	Electrotypeservicer
Elementaryschoolteacher	Elevatoroperator,freight
Embosser	Embossing-machineoperatorii
Embroiderysupervisor	Endbandcutter,hand
Engine-latheset-upoperator	Engineerofsystemdevelopment
Engraver,hand,softmetals	Engravingsupervisor
Enrobing-machineoperator	Envelope-machineoperator
Epidemiologist	Epitaxialreactoroperator
Equestrian	Escort
Estimator,jewelry	Etcher
Evaluator	Evaporatoroperator
Examiner	Executiveassistant
Expediter	Experimental-rocket-sledmechanic
Experimentalmechanic,outboardmotors	Explosives-truckdriver
Exterminator	Extractor-operatorhelper

Cómo ganar dinero con amazon KDP en español

Extruderoperator	Extruding-machineoperator
Extrusion-pressoperatorii	Eyeglass-frametruer
Eyelet-machineoperator	Fabric-lay-outworker
Fabricator	Fabricstretcher
Facer	Facultymember,collegeoruniversity
Fancy-wiredrawer	Farm-equipment-mechanicapprentice
Farmer,general	Farmworker,livestock
Farmworker,vegetablei	Fastenertechnologist
Fat-purificationworker	Feathershaper
Feed-inworker	Feed-researchaide
Feedandfarmmanagementadviser	Felt-goodssupervisor,needleprocess
Felt-tipping-machinetender	Felthanger
Felting-machine-operatorhelper	Fence-makingmachineoperator
Fermenter,wine	Fertilizermixer
Fettler	Fiberglass-bonding-machinetender
Field-ringassembler	Fieldartillerycrewmember
Fieldhauler	Figcaprifier
Filerandsander	Filler
Filler-blockinserter-remover	Filling-and-stapling-machineoperator
Filmdeveloper	Filmlaboratorytechnician
Filter-plantsupervisor	Filter-tankoperator
Filtertender	Finalinspector
Financialadvisor	Financialanalyst
Financialmanager	Finisher
Finisher,hand	Finishinginspector
Fire-equipmentinspector	Firemarshal
Firer,kiln	Firer,marine
Firesetter	Firsthelper
Fish-stringerassembler	Fisher,diving
Fishsmoker	Fitter-placer
Flake-cutteroperator	Flame-hardening-machinesetter
Flarebreaker	Flatsurfacer,jewel
Fleecetier	Flesher
Flightengineer	Flocker

Floorworker	Flowerpicker
Fluidjetcutteroperator	Flusher
Flyer	Flytier
Folder	Forging-rolloperator
Forming-processworker	Formulaweigher
Foundation-drilloperator	Fountainserver
Foxingpainter	Frame-tableoperator
Framerepairer	Frazer
Freight-loadingsupervisor	Friction-paint-machinetender
Front-endloaderoperator	Fruitcoordinator
Fuel-injectionservicer	Fumigator
Fur-floorworker	Furcleaner,machine
Furnace-combustionanalyst	Furniturerestorer
Fuse-cupexpander	Gamblingdealer
Gardenworker	Gas-check-padmaker
Gas-enginerepairer	Gas-maskinspector
Gasdispatcher	Gauger
Gear-milling-machineset-upoperator	Geologist
Ginclerk	Ginner
Glass-bulb-machineformer,tubularstock	Glass-rolling-machineoperator
Glassinspector	Glazier
Glove-partsinspector	Glovecleaner,hand
Gluer,wetsuit	Gluing-machineoperator
Goldreclaimer	Golf-ball-covertreater
Golf-clubrepairer	Grader
Graduateassistant	Graphitepan-driertender
Greasebuffer	Greeninspector
Grinding-machineoperator,automatic	Gripwrapper
Groover	Growth-mediamixer,mushroom
Guide,alpine	Gunner
Hairdresser	Hairpreparer
Harnessmaker	Hatconditioner

Heat-treaterapprentice	Heatcurer
Heater	Heel-seatfitter,hand
Heeldipper	Helper,metalhanging
Hidesplitter	Highschoolteacher
Highway-maintenanceworker	Hogsheadcooperi
Hoistoperator	Homeeconomist
Homehealthaide	Hoodmaker
Hopweigher	Horse-racestarter
Horticulturalworkerii	Hose-couplingjoiner
Hosecutter,hand	Host/hostess,restaurant
Housekeeper	Housemover
Hrspecialist	Hydraulic-pressoperator
Hydraulicblocker	Hydro-sprayeroperator
Icer,machine	Illustrator
Impregnator	Induction-machinesetter
Industrial-healthengineer	Injectorassembler
Inker,machine	Inletter
Inspector,balancetruing	Inspector,coldworking
Inspector,eyeglassframes	Inspector,glassormirror
Inspector,woodwindinstruments	Inspectoriii
Instructor	Instrument-shopsupervisor
Insuranceagent	Integratedcircuitlayoutdesigner
Interpreter&translator	Investigator
Ion-exchangeoperator	Irradiated-fuelhandler
Itmanager	Jacquard-twine-polisheroperator
Janitor	Jewelgrinderi
Jewelstaker	Jigbuilder
Jigfitter	Jigger-crown-pouncing-machineoperator
Job-printerapprentice	Jobprinter
Jobputter-upandticketpreparer	Jockeyvalet
Joinerapprentice	Jointcutter,machine
Judge	Jumpbasting-machineoperator
Kapok-and-cotton-	Kelpcutter

machineoperator	
Kennelmanager,dogtrack	Kenowriter
Kettleoperator	Keycutter
Keying-machineoperator	Kick-pressoperatori
Kiln-operatorhelper	Kilndrawer
Kilnloader	Kilnplacer
Kitchenhelper	Knifechanger
Knit-goodswasher	Knitting-machinefixer,head
Knitting-machineoperatorhelper	Knock-outhand
Kosherinspector	Laboratoryassistant
Laboratorychief	Laborer,stores
Lamber	Laminator,preforms
Landscaper&groundskeeper	Lastchalker
Latexer	Laundry-machinemechanic
Lawyer	Lay-outworker
Leadrecoverer,continuous-naphtha-treatingplant	Leasingagent,outdooradvertising
Level-vialcurvaturegauger	Libraryconsultant
Lingocleaner	Liquefaction-plantoperator
Loaderhelper	Loading-machineadjuster
Loanofficer	Lockoperator
Logistician	Logsorter
Long-wallshearoperator	Lounge-carattendant
Luggagemaker	Lusterapplicator
Lyricist	Machinist
Machinistsupervisor,outside	Maid&housekeeper
Maintenance&repairworker	Maintenancemechanic
Managementanalyst	Manager,contracts
Manager,procurementservices	Manometertechnician
Marble-machinetender	Mark-updesigner
Marketingmanager	Marketresearchanalyst
Marriage&familytherapist	Massagetherapist

Materialassembler	Matrixplater
Mattressmaker	Mechanicalengineer
Mechanicalinspector	Medical-recordadministrator
Medicalassistant	Medicalsecretary
Meeting,convention&event planner	Melter
Mentalhealthcounselor	Messattendant
Metal-bedassembler	Middleschoolteacher
Milkdriver	Miller
Mixing-machineoperator	Modelmaker
Moldcleaner	Moneycounter
Mosaicworker	Motor-roomcontroller
Motorcyclerepairer	Museumtechnician
Necker	Neckskewer
Needle-loomsetter	Needlemaker
Netmaker	Netrepairer
Newsassistant	Nicker
Nightauditor	Nitrocelluloseoperator
Nodulizer	Nuclearmedicinetechnologist
Numbererandwirer	Nurse-midwife
Nurse,head	Nursepractitioner
Nursingaide	Nut-and-boltassembler
Nutformer	Nutsteamer
Obstetrician	Occupationalanalyst
Occupationaltherapist	Offalicer,poultry
Office-machineservicer	Offset-pressoperatori
Oil-fieldequipmentmechanic	Oilboiler
Oildipper	Oiler
Oilpumper	Oilseed-meatpresser
Olivebrinetester	Opener
Operating-engineerapprentice	Operator,cavitypump
Optical-elementcoater	Optician
Optometricassistant	Orderclerk
Orderclerk,foodandbeverage	Orderrunner

Ornamental-machineoperator	Ornamental-metal-workerapprentice
Ornamentsetter	Orthodontist
Orthoticstechnician	Outboard-motormechanic
Outsidepropertyagent	Outsolescheduler
Oventender	Overedgesewer
Oxidized-finishplater	Oysterfloater
Packager,machine	Padded-productsfinisher
Paint-roller-cover-machinesetter	Painter
Painter,plate	Panhelper
Papercutter	Parachuteinspector
Paralegal	Paramedic
Patrolofficer	Pearl-glueoperator
Pegger	Pen-and-pencilrepairer
Perfumer	Personalcareaide
Personalshopper	Pharmacist
Pharmacytechnician	Philologist
Photoengravingfinisher	Photogrammetricengineer
Photographer,finish	Photographerapprentice,lithographic
Photostatoperator	Physicaltherapist
Physicaltherapistassistant	Physician
Physicianassistant	Pick-upoperator
Pickler	Pipestemrepairer
Plaster-machinetender	Plastermolderi
Platenbuilder-up	Plater
Plater,barrel	Plugcutter
Plumber	Pneumaticjacketer
Poet	Pole-peeling-machine-operatorhelper
Policeaide	Policechief
Polisher	Pollution-controlengineer
Poultrydresser	Powder-milloperator
Preassembler,printedcircuit board	Preschoolteacher
Press-pipeinspector	Pressbreaker
Primerboxer	Printedcircuitboardassembler,hand
Printer	Printer,floorcovering,assistant

Printer,plastic	Printingscreenassembler
Printinspector	Processor
Proctologist	Producer
Productionassistant	Productionengineer
Profiler,hand	Profiling-machineset-upoperatorii
Programassistant	Programmer-analyst
Prompter	Propmaker
Protector-plateattacher	Psychologist,counseling
Public-healthmicrobiologist	Publichealtheducator
Publicrelationsspecialist	Push-connectorassembler
Puzzleassembler	Quality-controlclerk
Quality-controlinspector	Quality-controltechnician
Quality-controltester	Qualityassuranceanalyst
Qualityassurancemonitor	Qualitycontroltechnician
Quarrysupervisor,dimensionstone	Quicksketchartist
Quill-buncher-and-sorter	Quilleroperator
Quilting-machineoperator	Quiltstuffer
Racker	Radiation-protectionengineer
Radiologictechnologist	Rafter
Raker	Realestateagent
Receptionist	Receptionist,airlinelounge
Reconnaissancecrewmember	Recordclerk
Recordist,chief	Recreation&fitnessworker
Rectificationprinter	Redrying-machineoperator
Redyehand	Refrigerationmechanic
Registerrepairer	Registrationclerk
Repairer,shoesticks	Reservationsagent
Respiratorytherapist	Restaurantcook
Retirementofficer	Revivalclerk
Ribbonwinder	Rideattendant
Rigger	Riggerhelper
Ripper	River
Riveter	Roboticmachineoperator
Rock-drilloperatori	Rockbreaker
Roddingmachinetender	Rollcoverer,burlap

Rollinspector	Roof-truss-machinetender
Rotorcasting-machineoperator	Rounding-and-backing-machineoperator
Routingclerk	Rubber-goodsrepairer
Rubber-threadspooler	Rubbermolder
Rug-dyerhelper	Safetyinspector
Sailcutter	Sales-promotionrepresentative
Salesagent,realestate	Salescorrespondent
Salesengineer,ceramicproducts	Salesmanager
Salesperson,books	Salesrepresentative
Salesrepresentative,apparel trimmings	Salesrepresentative,barberandbeautyequipmentandsupplies
Salesrepresentative,signs	Samplewasher
Sandwichmaker	Sawoperator,semiconductorwafers
Schoolcounselor	Schoolpsychologist
Screenprinter	Sealing-machineoperator
Securityguard	Seedpelleter
Servicemechanic	Setter,cold-rollingmachine
Sewer-pipecleaner	Shankthreader
Shippingandreceivingclerk	Signerector-and-repairer
Singer	Skate-shopattendant
Skeinwinder	Skirepairer,production
Skullgrinder	Slat-basketmaker,machine
Slipcovercutter	Smokeandflamespecialist
Snuff-packing-machineoperator	Soda-roomoperator
Softwaredeveloper	Soilscientist
Sorter	Speech-languagepathologist
Splicer	Sportscoach
Spotter	Squeezeroperator
Stacking-machineoperatorii	Statisticalclerk,advertising
Stonemason	Strainertender
Street-light servicer	Stringer
Stripper,lithographici	Strippolisher
Subassembler	Substanceabusecounselor
Sugar-	Supervisor

reprocessoperator,head	
Supervisor,alumplant	Supervisor,blueprinting-and-photocopy
Supervisor,cemeteryworkers	Supervisor,estimatoranddrafter
Supervisor,grinding	Supervisor,laundry
Supervisor,ordertakers	Supplyclerk
Survival-equipmentrepairer	Swaging-machineoperator
Sweatband-cutting-machineoperator	Switchboardoperatorassistant
Systemsanalyst	Tailer
Tank-truckdriver	Tankandamphibiantractoroperationschief
Tanksetter	Tape-fastener-machineoperator
Tapper	Tareweigher
Tattooartist	Taxclerk
Teacher	Teacher,emotionallyimpaired
Teacher,resource	Teacher assistant
Teamster	Technician,submarinecableequipment
Telecommunicator	Telegrapher
Telegraphic-typewriteroperator	Telemarketer
Telephone-directory-distributordriver	Teller
Templatemaker,track	Tennis-ballcoverer,hand
Terrazzo-tilemaker	Test-engineevaluator
Thaw-shedheatertender	Threader
Threading-machineoperator	Threading-machinesetter
Ticketpuller	Tiepresser
Tier	Tilegrinder
Tilesetter	Tipfinisher
Tire-bladdermaker	Tobacco-clothreclaimer
Tobacco-samplepuller	Toe-closing-machinetender
Tool-and-diemaker	Tool-and-equipment-rentalclerk
Tooldresser	Toolplanner
Toolprogrammer,numerical control	Toothclerk

Topstitcher,lockstitch	Toxicologist
Trackoiler	Trackrepairer
Tractormechanic	Trommeltender
Truckloadchecker	Tufter,hand
Tuner,percussion	Turbineattendant
Turninglathetender	Twisting-machineoperator
Ultrasonictester	Umpire
Undercoater	Undercoveroperator
Upholsterer,assemblyline	Uphol stery cleaner
Upper-leathersorter	User support analyst
Usher	Utility-tractoroperator
Utilityclerk	Utility operator
Utilityworker,filmprocessing	Utilizationengineer
Vacuum-tanktender	Value engineer
Valving-machineoperator	Vandriver
Varitypeo perator	Varnisher
Varnishing-unittoolsetter	Vault custodian
Vaultworker	Vector control assistant
Vending-machineassembler	Vendor
Veterinarian	Veterinarytechnologist&technician
Vibrator-equipmenttester	Waste-treatmentoperator
Water way traffic checker	Wave-solderingmachineoperator
Wave-solderoffbearer	Wax-pottender
Waxbleacher	Waxer
Waxmolder	Wayinspector
Weatherstrip-machineoperator	Weaver,handloom
Weaver,narrowfabrics	Weaverapprentice
Web-pressoperator	Webdeveloper
Well-loggingoperator,mudanalysis	Weltbeater
Weltcutter	Wet-endoperatori
Wet-mixoperator	Wharftender
Wheatcleaner	Wheel-and-casterrepairer
Wheel-	Wheelcutter

truingmachinetender	
Whipped-toppingfinisher	Whizzer
Wick-and-baseassembler	Wickerworker
Widthstripper	Wigdresser
Wigmaker	Winchdriver
Winder	Wire-basketmaker
Wire-drawing-machinetender	Wire-frame-lamp-shademaker
Wire-winding-machineoperator	Wire-winding-machinetender
Wire-wrapping-machineoperator	Wirer
Wirewalker	Wool-and-peltgrader
Wool-fleecegrader	Wool-washing-machineoperator
Work-studycoordinator,specialeducation	Work-ticketdistributor
Wormpicker	Wortextractor
Wrapturner	Wrong-addressclerk
X-rayinspector	Yardclerk

Arts & crafts

Scrapbooking	Pottery
Candlemaking	Painting and drawing
Sculpture	Origami
Jewelry making	Leather crafting
Glass blowing	Weaving
Soapmaking	Quilling
Sculpting miniatures	Embroidery
Paper making	Enamels
Wood carving	Engraving
Beadwork and beading	Wire jewelry making
Crochet	Tole painting
Gunsmithing	How to cast miniatures

Comida

Acorn squash	Ahi tuna
Albacore tuna	Alfalfa
Almond	Almonds
Antelope	Apple juice
Apples	Applesauce
Artichoke	Arugala
Asian noodles	Asparagus
Avacado	Avocado roll
Babaganoosh	Bacon
Bagels	Baked beans
Baking	Banana
Barbecue and grilling	Barley
Bbq	Beef
Beef jerky	Beer
Bison	Bisque
Black beans	Blueberries
Bluefish	Bread
Broccoli	Bruscetta
Buritto	Burritos
Cabbage	Cake
Cake making and decorating	Candy
Carne asada	Carrots
Cashews	Catfish
Celery	Cereal
Cheese	Chicken
Chimichanga	Chips
Chocolate	Chowder
Clams	Coffee
Coneys	Cookies
Corn	Corned beef
Crab	Cupcakes
Curry	Dates
Dips	Donuts
Duck	Dumplings

Cómo ganar dinero con amazon KDP en español

Fajita	Falafel
Fish (might be too vague)	Fondu
Franks	French dip
French fries	French toast
Garlic	Ginger
Gnocchi	Goose
Graham crackers	Granola
Grapes	Green beans
Grits	Guancamole
Gumbo	Haiku roll
Halibut	Ham
Hamburger (and cheeseburgers and bacon cheeseburgers)	Hamburgers
Hash browns	Home brewing wine/beer/mead
Home canning and jarring	Honey
Hot dogs	Huenos rancheros
Hummus	Ice cream
Indian food	Irish stew
Italian bread	Jalapeño
Jambalaya	Jelly / jam
Jerky	Kabobs
Kale	Ketchup
Kidney beans	Kingfish
Kiwi	Lamb
Lasagna	Linguine
Lobster	Mango
Mashed potatoes	Meatballs
Milk	Milkshake
Moose	Mozzarella cheese
Mushrooms	New york style pizza
Noodles	Ostrich
Pancakes	Past
Peanut butter	Pepperoni
Pineapple	Pizza
Popcorn	Porter
Quesadilla	Quiche
Raisens	Reuben

Salami	Salmon
Soup	Spaghetti
Spinach	Steak
Strawberries	Sushi
Sweet corn	Sweet potato
Tater tots	Toast
Tuna	Turkey
Venison	Waffles
Walnuts	Watermelon
Wine	Wine tasting
Yogurt	Ziti
Zucchini	

Enfermedades

Diabetes	Depression
Abdominal aortic aneurysm — see aortic aneurysm	Acanthamoeba infection
Ace (adverse childhood experiences)	Acinetobacter infection
Acquired immune deficiency syndrome (aids) — see hiv/aids	Acquired immunodeficiency syndrome (aids) — see hiv/aids
Adenovirus infection	Adenovirus vaccination
Adhd [attention deficit/hyperactivity disorder]	Adult vaccinations
Adverse childhood experiences (ace)	Afib, af (atrial fibrillation)
African trypanosomiasis — see sleeping sickness	Agricultural safety — see farm worker injuries
Ahf (alkhurma hemorrhagic fever)	Aids (acquired immune deficiency syndrome)
Aids (acquired immunodeficiency syndrome)	Alkhurma hemorrhagic fever (ahf)
Als [amyotrophic lateral sclerosis]	Alzheimer's disease
Amebiasis, intestinal [entamoeba histolytica infection]	American indian and alaska native vaccination
American trypanosomiasis — see	Amyotrophic lateral sclerosis —

chagas disease	see als
Anaplasmosis, human	Angiostrongylus infection
Animal-related diseases	Anisakiasis — see anisakis infection
Anisakis infection [anisakiasis]	Anthrax vaccination
Anthrax [bacillus anthracis infection]	Antibiotic and antimicrobial resistance
Antibiotic use, appropriate	See also get smart about antibiotics week
Aortic aneurysm	Aortic dissection — see aortic aneurysm
Arenavirus infection	Arthritis
Childhood arthritis	Fibromyalgia
Gout	Osteoarthritis (oa)
Rheumatoid arthritis (ra)	Ascariasis — see ascaris infection
Ascaris infection [ascariasis]	Aseptic meningitis — see viral meningitis
Aspergillosis — see aspergillus infection	Aspergillus infection [aspergillosis]
Asthma	Atrial fibrillation (afib, af)
Attention deficit/hyperactivity disorder — see adhd	Autism
See also genetics and genomics	Avian influenza
B. Cepacia infection (burkholderia cepacia infection)	Babesia infection — see babesiosis
Babesiosis [babesia infection]	Bacillus anthracis infection — see anthrax
Back belts — see ergonomic and musculoskeletal disorders	Bacterial meningitis
See also meningitis	See also meningococcal disease
Bacterial vaginosis (bv)	Balamuthia infection [balamuthia mandrillaris infection]
Balamuthia mandrillaris infection — see balamuthia infection	Balantidiasis — see balantidium infection
Balantidium infection [balantidiasis]	Bartonella bacilliformis infection — see carrión's disease
Bartonella quintana infection — see trench fever	Baylisascaris infection — see raccoon roundworm infection

Bcg (tuberculosis vaccine)	Bilharzia — see schistosomiasis
Bioterrorism agents/diseases	Bird flu — see avian influenza
Birth defects	Black lung [coal workers' pneumoconioses]
Blastocystis hominis infection — see blastocystis infection	Blastocystis infection [blastocystis hominis infection]
Blood clot	Blood disorders
Body lice [pediculus humanus corporis]	Borrelia burgdorferi infection — see lyme disease
Borreliosis, louse-borne — see relapsing fever, louse-borne	Borreliosis, tick-borne — see relapsing fever, tick-borne
Botulism [clostridium botulinum infection]	Bovine spongiform encephalopathy (bse)
Brainerd diarrhea	Breast and ovarian cancer and family health history
See also breast and ovarian cancer and family health history	Breast cancer
Breastfeeding	Bronchiolitis — see respiratory syncytial virus infection
Bronchitis	Brucella infection [brucellosis]
Brucellosis — see brucella infection	Bse (bovine spongiform encephalopathy)
Bse (mad cow disease)	Burkholderia cepacia infection (b. Cepacia infection)
Burkholderia mallei — see glanders	Burkholderia pseudomallei infection — see melioidosis
Bv (bacterial vaginosis)	B virus infection [herpes b virus]
C. Diff. Infection [clostridium difficile infection]	C. Gattii cryptococcosis
C. Neoformans cryptococcosis	Campy (campylobacter infection)
Campylobacter infection (campy) [campylobacteriosis]	Campylobacteriosis — see campylobacter infection
Cancer	Colorectal (colon) cancer
Gynecologic cancers	Lung cancer
Prostate cancer	Skin cancer
Cancer and flu	See also cancer
See also influenza	Cancer health disparities — see health disparities in cancer

Candida infection [candidiasis]	Genital candidiasis (vvc) [vulvovaginal candidiasis]
Invasive candidiasis	Thrush [oropharyngeal candidiasis]
Candidiasis — see candida infection	Canine flu
Capillaria infection [capillariasis]	Capillariasis — see capillaria infection
Carbapenem-resistant enterobacteriaceae (cre)	Cardiovascular health — see heart disease
Carrión's disease [bartonella bacilliformis infection]	Cat flea tapeworm — see tapeworm, dog and cat flea
Cats, infections from	Cat scratch disease from pets
Cchf (crimean-congo hemorrhagic fever)	Cdi (chronic disease indicators)
Cercarial dermatitis — see swimmer's itch	Cerebral palsy
Cervical cancer	Chapare hemorrhagic fever (chhf)
Chest cold — see bronchitis	Chhf (chapare hemorrhagic fever)
Chickenpox vaccination	Chickenpox [varicella disease]
Chikungunya fever (chikv)	Chikv (chikungunya fever)
Childhood injuries	Childhood overweight and obesity
Chlamydia pneumoniae infection	See also psittacosis [chlamydia psittaci infection]
Chlamydia trachomatis disease — see chlamydia	Chlamydia [chlamydia trachomatis disease]
Cholera [vibrio cholerae infection]	Chronic disease indicators (cdi)
Chronic disease prevention	Chronic kidney disease (ckd)
Chronic obstructive pulmonary disease (copd)	Chronic wasting disease (cwd)
Ciguatera fish poisoning	Ciguatoxin — see marine toxins
Cjd, classic (classic creutzfeldt-jakob disease)	Ckd (chronic kidney disease)
Ckd (kidney disease)	Classic creutzfeldt-jakob disease

	(cjd, classic)
Clonorchiasis — see clonorchis infection	Clonorchis infection [clonorchiasis]
Clostridium botulinum infection — see botulism	Clostridium difficile infection — see c. Diff. Infection
Clostridium perfringens infection	Clostridium tetani infection — see tetanus disease
Clotting disorders	Cmv (cytomegalovirus infection)
Coal workers' pneumoconioses — see black lung	Coccidioidomycosis — see valley fever
Cold, common	Colorado tick fever (ctf)
Colorectal cancer control program (crccp)	Colorectal cancer and genetics
See also c	Common cold — see cold, common
Concussion — see traumatic brain injury	Congenital hearing loss — see hearing loss in children
Congenital heart defects	Screening for critical congenital heart defects
Conjunctivitis — see pink eye	Cooley's anemia
Copd (chronic obstructive pulmonary disease)	Corynebacterium diphtheriae infection — see diphtheria
Corynebacterium diphtheria infection	See also diphtheria [corynebacterium diphtheriae infection]
Cough and cold medicines	Coxiella burnetii infection — see q fever
Cre (carbapenem-resistant enterobacteriaceae)	Creutzfeldt-jakob disease, classic — see classic creutzfeldt-jakob disease
Crimean-congo hemorrhagic fever (cchf) [nairovirus infection]	Crkp (carbapenem resistant klebsiella pneumonia)
Crohn's disease — see inflammatory bowel disease	Cronobacter infection
Cryptococcosis, c. Gattii. — see c. Gattii cryptococcosis	Cryptococcosis, c. Neoformans — see c. Neoformans cryptococcosis
Cryptosporidiosis — see	Cryptosporidium infection

cryptosporidium infection	[cryptosporidiosis]
Cte [chronic traumatic encephalopathy]	See also traumatic brain injury (tbi)
Ctf (colorado tick fever)	Cwd (chronic wasting disease)
Cyclospora infection [cyclosporiasis]	Cyclosporiasis — see cyclospora infection
Cysticercosis	Cystoisospora infection [cystoisosporiasis]
Cystoisosporiasis — see cystoisospora infection	Cytomegalovirus infection (cmv)
Death, leading causes of death in males	Deep vein thrombosis (dvt)
Dengue fever (df)	Dengue hemorrhagic fever (dhf) — see dengue fever
Dermatophyte infection — see ringworm	Developmental disabilities
Df (dengue fever)	Dhf (dengue hemorrhagic fever)
Dientamoeba fragilis infection	Diet and nutrition — see nutrition
Diphtheria vaccination	Diphtheria [corynebacterium diphtheriae infection]
Diphyllobothriasis — see diphyllobothrium infection	Diphyllobothrium infection [diphyllobothriasis]
Dipylidium infection — see tapeworm, dog and cat flea	Dirofilariasis (dog heartworm)
Division of public health systems and workforce development (dphswd)	Dog bites
Dog flea tapeworm — see tapeworm, dog and cat flea	Dog heartworm — see dirofilariasis (dog heartworm)
Dogs, infections from	Down syndrome [trisomy 21]
Dphswd (division of public health systems and workforce development)	Dracunculiasis — see guinea worm disease
Drug resistance — see antibiotic and antimicrobial resistance	Dvt (deep vein thrombosis)
Dwarf tapeworm [hymenolepis infection]	E. Coli infection [escherichia coli infection]

Ear infection [otitis media]	Eastern equine encephalitis (eee)
Ebola virus disease (evd)	Ebv infection (epstein-barr virus infection)
Echinococcosis	Eee (eastern equine encephalitis)
Ehdi (early hearing detection and intervention)	Ehrlichiosis, human
Elephantiasis — see lymphatic filariasis	Elizabethkingia infection
Emerging infectious diseases	Endophthalmitis, fungal — see fungal eye infections
Entamoeba histolytica infection — see amebiasis, intestinal	Enteric diseases from animals — see gastrointestinal diseases from animals
Enterobius vermicularis infection — see pinworm infection	Enterovirus d68
Enterovirus infections (non-polio) — see non-polio enterovirus infections	Epidemic typhus — see typhus fevers
Epilepsy	Epstein-barr virus infection (ebv infection)
Ergonomic and musculoskeletal disorders	Escherichia coli infection — see e. Coli infection
Esophageal candidiasis — see thrush	Ev-d68 — see enterovirus d68
Evd (ebola virus disease)	Exserohilum rostratum (other pathogenic fungi)
See also fungal diseases [mycotic diseases]	Extensively drug-resistant tb (xdr tb)
Extreme cold [hypothermia]	Extreme heat [hyperthermia]
Falls, older adults	Falls from elevation
Family health	Family health history
Farm animals, infections from	Farm worker injuries
See also cost-effective rollover protective structures (crops)	Fasciitis, necrotizing — see group a strep infection
Fasciola infection [fascioliasis]	Fascioliasis — see fasciola infection
Fasciolopsiasis — see fasciolopsis infection	Fasciolopsis infection [fasciolopsiasis]

Fetal alcohol spectrum disorders	Fetp — see field epidemiology training program
Fetp (field epidemiology training program)	Field epidemiology training program (fetp)
Fifth disease [parvovirus b19 infection]	Filariasis, lymphatic — see lymphatic filariasis
Fish and amphibians, infections from	Flavorings-related lung disease
Flu — see influenza	Flu, pandemic — see pandemic flu
Flu, seasonal — see seasonal flu	Flu and cancer — see cancer and flu
Flu vaccination — see influenza vaccination	Folliculitis — see hot tub rash
Food-related diseases	Shigella infection [shigellosis]
Foodborne illness	Food poisoning — see foodborne illness
Fragile x syndrome (fxs)	Francisella tularensis infection — see tularemia
Fungal diseases [mycotic diseases]	Blastomycosis [blastomyces dermatitidis infection]
Fungal eye infections	Histoplasma capsulatum infection [histoplasmosis]
Histoplasmosis [histoplasma capsulatum infection]	Mucormycosis
Ringworm [dermatophyte infection]	Sporotrichosis
Sporotrichosis [sporothrix schenckii infection]	Valley fever [coccidioidomycosis]
Fungal meningitis	See also fungal meningitis
Fungal pneumonia — see valley fever	Fxs (fragile x syndrome)
Gae (acanthamoeba) (granulomatous amebic encephalitis (acanthamoeba))	Gae (granulomatous amebic encephalitis)
Gas (group a strep infection)	Gastrointestinal diseases from animals [zoonotic enteric diseases]

Gbs (group b strep infection)	Gdder (global disease detection and emergency response)
Genetics and colorectal cancer — see colorectal cancer and genetics	Genetics and heart disease — see heart disease and genetics
Genetics and mental health — see mental health and genetics	Genetics and obesity — see obesity and genetics
Genetics and skin cancer — see skin cancer and genetics	Genetics and stroke — see stroke and genetics
Genital herpes [herpes simplex virus infection]	Genital warts — see human papillomavirus infection
German measles (rubella virus)	Giardia infection [giardiasis]
Giardiasis — see giardia infection	Glanders [burkholderia mallei]
Global disease detection and emergency response (gdder)	Global health security
See also global health	Global measles elimination
See also g	See also immunization
See also measles	See also measles vaccination
Gnathostoma infection — see gnathostomiasis	Gnathostomiasis [gnathostoma infection]
Gonorrhea [neisseria gonorrhoeae infection]	Granulomatous amebic encephalitis (gae) — see balamuthia infection
Group a strep infection (gas) [group a streptococcal infection]	Group a streptococcal infection — see group a strep infection
Group b strep infection (gbs) [group b streptococcal infection]	Group b streptococcal infection — see group b strep infection
Guillain-barré syndrome	Guinea worm disease [dracunculiasis]
Ovarian cancer	Uterine cancer
Vaginal and vulvar cancers	H3n2v influenza
See also variant viruses - see influenza	H5n1 — see avian influenza
Hab (harmful algal bloom (hab)-associated illness)	Haemophilus influenzae serotype b — see hib infection
Hand, foot, and mouth disease (hfmd)	Hansen's disease
Hantavirus pulmonary syndrome	Harmful algal bloom (hab)-

(hps)	associated illness (hab)
Hazardous drug exposures in healthcare	Head lice [pediculus humanus capitis]
Healthcare associated infections	Surgical site infection (ssi)
Health disparities in cancer	Health disparities in hiv/aids, viral hepatitis, stds, and tb
Health security — see global health security	Healthy pets, healthy people — see animal-related diseases
Healthy weight	Hearing, early detection & intervention
Hearing impairment — see hearing loss, environmental	Hearing loss, environmental [hearing impairment]
Hearing loss in children See also h	Heart disease and genetics See also heart disease [cardiovascular health]
Heart disease [cardiovascular health]	Heartland virus infection
Heat stress	Hemoglobinopathies
Hemophilia	Hemophilia treatment centers (htc)
Hemorrhagic fevers, viral — see viral hemorrhagic fevers	Hendra virus disease (hev infection)
Hepatitis, viral — see viral hepatitis	Hepatitis a vaccination
Hepatitis b vaccination	Hereditary bleeding disorders — see hemophilia
Herpes, genital — see genital herpes	Herpes b virus — see b virus infection
Herpes simplex virus infection — see genital herpes	Herpesvirus b — see b virus infection
Herpesvirus simiae — see b virus infection	Herpes zoster — see shingles
Herpes zoster vaccination — see shingles vaccination	Heterophyes infection [heterophyiasis]
Heterophyiasis — see heterophyes infection	Hev infection (hendra virus disease)
Hfmd (hand, foot, and mouth disease)	Hib infection [haemophilus influenzae serotype b]

Hib vaccine (haemophilus influenzae serotype b vaccination)	High blood pressure
Histoplasmosis — see histoplasma capsulatum infection	Hiv/aids
Hiv/aids and stds	Hookworm, human — see human hookworm
Hookworm, zoonotic — see zoonotic hookworm	Horses, infections from
Hot tub rash [pseudomonas dermatitis infection]	Hpiv (human parainfluenza viruses)
Hps (hantavirus pulmonary syndrome)	Hpv-associated cancers
Hpv infection (human papillomavirus infection)	Hpv vaccination (human papillomavirus vaccination)
Htc (hemophilia treatment centers)	Human ehrlichiosis — see ehrlichiosis, human
Human immunodeficiency virus — see hiv/aids	Human papillomavirus infection (hpv infection)
Human papillomavirus vaccination (hpv vaccination)	Human parainfluenza viruses (hpiv)
Hymenolepis infection — see dwarf tapeworm	Hypertension — see high blood pressure
Hyperthermia — see extreme heat	Hypothermia — see extreme cold
Ibd (inflammatory bowel disease)	Impetigo — see group a strep infection
Infectious mononucleosis — see epstein-barr virus infection	Infertility
Inflammatory bowel disease (ibd)	Influenza
H1n1 flu	People at high risk
Seasonal flu	Swine influenza
Influenza, avian — see avian influenza	Influenza, pandemic — see pandemic flu
Influenza and cancer — see cancer and flu	Influenza in pigs — see swine influenza
Influenza vaccination	Injury, healthy swimming and recreational water

Japanese encephalitis (je)	Japanese encephalitis (je) vaccination
Jaundice — see newborn jaundice	Je (japanese encephalitis)
Je (japanese encephalitis) vaccination	K. Pneumoniae (klebsiella pneumoniae)
Kala-azar — see leishmania infection	Kawasaki disease (kd)
Kawasaki syndrome — see kawasaki disease	Kd (kawasaki disease)
Keratitis, acanthamoeba — see acanthamoeba infection	Keratitis, fungal — see fungal eye infections
Kernicterus — see newborn jaundice	Kfd (kyasanur forest disease)
Kidney disease (ckd)	Klebsiella pneumoniae (k. Pneumoniae)
Kyasanur forest disease (kfd)	Lac (la crosse encephalitis)
La crosse encephalitis (lac)	La crosse encephalitis virus (lacv) — see la crosse encephalitis
Lacv (la crosse encephalitis virus)	Lassa fever
Latex allergies	Lbrf (relapsing fever, louse-borne)
Lcm (lymphocytic choriomeningitis)	Lead poisoning
Legionellosis — see legionnaires' disease	Legionnaires' disease [legionellosis]
Leishmania infection [leishmaniasis]	Leishmaniasis — see leishmania infection
Leprosy — see hansen's disease	Leptospira infection [leptospirosis]
Leptospirosis — see leptospira infection	Lice
Lice, body — see body lice	Lice, head — see head lice
Lice, pubic — see pubic lice	Listeria infection [listeriosis]
Listeriosis — see listeria infection	Liver disease and hepatitis — see viral hepatitis
Loa loa infection — see loiasis	Lockjaw — see tetanus disease
Lockjaw vaccination — see	Loiasis [loa loa infection]

tetanus (lockjaw) vaccination	
Lou gehrig's disease — see als	Louse-borne relapsing fever — see relapsing fever, louse-borne
Luhf (lujo hemorrhagic fever)	Lujo hemorrhagic fever (luhf)
Lupus (sle) [systemic lupus erythematosus]	Lyme disease [borrelia burgdorferi infection]
Lymphatic filariasis	Lymphedema — see lymphatic filariasis
Lymphocytic choriomeningitis (lcm)	Mac (mycobacterium avium complex)
Mad cow disease (bse) — see bovine spongiform encephalopathy	Malaria
Marburg hemorrhagic fever	Marine toxins
Md (muscular dystrophy)	Mdr tb (multidrug-resistant tb)
Me/cfs (myalgic encephalomyelitis/ chronic fatigue syndrome)	Measles
Measles vaccination	Melioidosis [burkholderia pseudomallei infection]
Meningitis	Meningococcal disease
Meningococcal vaccination	Mental health
Mental health and genetics	See also mental health
Mental retardation	Microcephaly
See also zika virus infection	See also zika virus infection and pregnancy
Micronutrient malnutrition	Microsporidia infection
Middle east respiratory syndrome coronavirus (mers-cov)	See also coronavirus (cov)
Mmr vaccination	Molluscum contagiosum
Monkey b virus — see b virus infection	Monkeypox
Mononucleosis, infectious — see epstein-barr virus infection	Motor vehicle injuries
Mouse and rat control — see rodents, diseases from	Mrsa [methicillin resistant staphylococcus aureus]
Mucus — see cold, common	Multidrug-resistant tb (mdr tb)
Multiple organ dysfunction	Mumps

syndrome — see sepsis	
Mumps vaccination	Murine typhus — see typhus fevers
Muscular dystrophy (md)	Musculoskeletal disorders — see ergonomic and musculoskeletal disorders
Myalgic encephalomyelitis/ chronic fatigue syndrome (me/cfs)	Mycobacterium abscessus infection
Mycobacterium avium complex (mac)	Mycobacterium tuberculosis infection — see tuberculosis
Mycoplasma pneumoniae infection	Mycotic diseases — see fungal diseases
Myelomeningocele — see spina bifida	Myiasis
Naegleria infection [primary amebic meningoencephalitis (pam)]	Nairovirus infection — see crimean-congo hemorrhagic fever
National amyotrophic lateral sclerosis (als) registry — see als	Necrotizing fasciitis — see group a strep infection
Neglected tropical diseases (ntd)	Neisseria gonorrhoeae infection — see gonorrhea
Neurocysticercosis — see cysticercosis	Newborn hearing — see hearing, early detection & intervention
Newborn jaundice [kernicterus]	Nocardia asteroides infection — see nocardiosis
Nocardiosis [nocardia asteroides infection]	Noise, environmental — see hearing loss, environmental
Noise, recreational — see hearing loss, environmental	Noise exposure — see hearing loss, environmental
Non-polio enterovirus infections	Nonpathogenic (harmless) intestinal protozoa
Norovirus infection	Norwalk-like viruses (nlv) — see norovirus infection
Ntd (neglected tropical diseases)	Nutrition
Oa (osteoarthritis)	Obesity and genetics
Obesity and overweight	Obesity and overweight, childhood — see childhood

	overweight and obesity
Occupational cancers	Occupational skin conditions — see skin conditions, occupational
Occupational stress — see stress, occupational	Ohf (omsk hemorrhagic fever)
Omsk hemorrhagic fever (ohf)	Onchocerciasis — see river blindness
Opisthorchis infection	Oral cancer
Orf virus infection — see sore mouth infection	Oropharyngeal candidiasis — see thrush
Oroya fever — see carrión's disease	Otitis media — see ear infection
Outbreaks	Overweight and obesity — see obesity and overweight
Pad (peripheral arterial disease)	Pandemic flu
Paragonimiasis — see paragonimus infection	Paragonimus infection [paragonimiasis]
Parainfluenza — see human parainfluenza viruses	Parasitic diseases
Parvovirus b19 infection — see fifth disease	Pcp (pneumocystis pneumonia)
Pcv (pneumococcal conjugate vaccine)	Pe (pulmonary embolism)
Pedestrian injury	Pediculus humanus capitis — see head lice
Pediculus humanus corporis — see body lice	Pelvic inflammatory disease (pid)
Peripheral arterial disease (pad)	Peripheral arterial insufficiency — see peripheral arterial disease
Peripheral arterial occlusive disease — see peripheral arterial disease	Peripheral vascular disease — see peripheral arterial disease
Pertussis (whooping cough)	Pertussis (whooping cough) vaccination
Pet-related diseases — see animal-related diseases	Phthiriasis — see pubic lice
Pid (pelvic inflammatory disease)	Pigs, influenza in — see swine influenza

Pink eye [conjunctivitis]	Pinworm infection [enterobius vermicularis infection]
Plague [yersinia pestis infection]	Pneumococcal conjugate vaccine (pcv)
Pneumococcal disease	Pneumococcal polysaccharide vaccine (ppv)
Pneumoconioses, coal workers' — see black lung	Pneumonia
Polio infection [poliomyelitis infection]	Poliomyelitis infection — see polio infection
Poliomyelitis vaccination — see polio vaccination	Polio vaccination [poliomyelitis vaccination]
Pontiac fever — see legionnaires' disease	Powassan (pow) virus
Poxvirus infections	Ppv (pneumococcal polysaccharide vaccine)
Pregnancy	Primary amebic meningoencephalitis (pam) — see naegleria infection
Prion diseases (tses) [transmissible spongiform encephalopathies]	Pseudomonas aeruginosa infection
Pseudomonas dermatitis infection — see hot tub rash	Psittacosis [chlamydia psittaci infection]
Psoriasis	Pubic lice [phthiriasis]
Pulmonary embolism (pe) — see deep vein thrombosis	Pulmonary hypertension
Q fever [coxiella burnetii infection]	Ra (rheumatoid arthritis)
Rabies	Rabies vaccination
Raccoon roundworm infection [baylisascaris infection]	Rat-bite fever (rbf) [streptobacillus moniliformis infection]
Rbf (rat-bite fever)	Recalled vaccines
Recreational water illness (rwi)	Relapsing fever, louse-borne (lbrf)
Relapsing fever, tick-borne (tbrf)	Reptiles, infections from
Respiratory syncytial virus	Rickettsial diseases

infection (rsv)	
Rickettsia rickettsii infection — see rocky mountain spotted fever	Rift valley fever (rvf)
Ringworm from animals	River blindness [onchocerciasis]
Rmsf (rocky mountain spotted fever)	Rocky mountain spotted fever (rmsf) [rickettsia rickettsii infection]
Rodent control — see rodents, diseases from	Rodents — see rat-bite fever
Rodents, diseases from	Rotavirus infection
Rotavirus vaccination	Rsv (respiratory syncytial virus infection)
Rubella (german measles) vaccination	Rubeola — see measles
Runny nose — see cold, common	Rvf (rift valley fever)
Rwi (recreational water illness)	Salmonella infection from animals
Salmonella infection [salmonellosis]	Salmonella typhi infection — see typhoid fever
Salmonellosis — see salmonella infection	Salt
See also high blood pressure	Sappinia diploidea and sappinia pedata — see sappinia infection
Sappinia infection [sappinia diploidea and sappinia pedata]	Sars [severe acute respiratory syndrome]
Scabies	Scarlet fever [group a strep infection]
Schistosoma infection — see schistosomiasis	Schistosomiasis [schistosoma infection]
Scrub typhus — see typhus fevers	Seizure disorder
See also epilepsy	Sepsis [septicemia]
Septicemia — see sepsis	Septic shock — see sepsis
Severe acute respiratory syndrome — see sars	Sexually transmitted diseases (stds)
Syphilis [treponema pallidum infection]	Trichomoniasis [trichomonas infection]
Sexually transmitted disease surveillance reports	Sfgr (spotted fever group rickettsia)

Shiga toxin-producing e. Coli (stec) — see e. Coli infection	Shigellosis — see shigella infection
Shingles vaccination	Shingles [varicella zoster virus (vzv)]
Sickle cell disease	Sids (sudden infant death syndrome)
Sinus infection [sinusitus]	Sinusitus — see sinus infection
Skin cancer and genetics	See also s
See also skin cancer	Skin conditions, occupational
Sle (lupus)	Sleep and sleep disorders
Sleeping sickness [african trypanosomiasis]	Smallpox
Smoking and tobacco use	Sodium — see salt
Soil transmitted helminths	Sore mouth infection [orf virus infection]
Sore throat	Southern tick-associated rash illness (stari)
Spina bifida [myelomeningocele]	Sporothrix schenckii infection — see sporotrichosis
Spotted fever group rickettsia (sfgr)	Staph — see staphylococcus aureus infection
Staphylococcus aureus infection	Stari (southern tick-associated rash illness)
Stds (sexually transmitted diseases)	Stds and hiv/aids — see hiv/aids and stds
Stec (shiga toxin-producing e. Coli)	Strep infection, group a — see group a strep infection
Strep infection, group b — see group b strep infection	Strep throat [group a strep infection]
Streptobacillus moniliformis infection — see rat-bite fever	Streptococcus pneumoniae infection
Stress, occupational	Stroke
Stroke and genetics	See also stroke
Strongyloidiasis — see strongyloidiasis - see strongyloides infection	Strongyloidiasis - see strongyloides infection [strongyloidiasis]
Sudden infant death syndrome (sids)	Swimmer's itch [cercarial dermatitis]

Swimming-related illness — see recreational water illness	Symptom relief for upper respiratory infections
Systemic lupus erythematosus — see lupus	Taenia infection — see tapeworm infection
Tapeworm, dog and cat flea [dipylidium infection]	Tapeworm infection [taenia infection]
Tb (tuberculosis)	Tb (tuberculosis) vaccination
Tb and hiv coinfection	Tb and the african-american communtiy
Tb data & statistics	Tb education and training network
Tbi (traumatic brain injury)	Tb in african-americans — see tb and the african-american communtiy
Tbrf (relapsing fever, tick-borne)	Tb surveillance reports — see tb data & statistics
Tb testing & diagnosis	Testicular cancer
Tetanus (lockjaw) infection	Tetanus (lockjaw) vaccination
Tetanus disease [clostridium tetani infection]	Thalassemia — see cooley's anemia
Thoracic aortic aneurysm — see aortic aneurysm	Throat, sore — see sore throat
Throat, strep [group a strep infection]	Thrombophilia — see clotting disorders
Thrombosis — see clotting disorders	Tick-borne relapsing fever — see relapsing fever, tick-borne
Tickborne diseases — see ticks	Ticks
Tularemia [francisella tularensis infection]	See also ticks
Tinea — see ringworm	Tobacco use, smoking and — see smoking and tobacco use
Tourette syndrome (ts)	Toxocara infection — see toxocariasis
Toxocariasis [toxocara infection]	Toxoplasma infection — see toxoplasmosis
Toxoplasmosis [toxoplasma infection]	Trachoma infection
Transmissible spongiform	Traumatic brain injury (tbi)

encephalopathies — see prion diseases	
Traumatic occupational injuries	Trench fever [bartonella quintana infection]
Treponema pallidum infection — see syphilis	Trichinellosis (trichinosis)
Trichomonas infection — see trichomoniasis	Trichuriasis — see whipworm infection
Trisomy 21 — see down syndrome	Trypanosoma cruzi infection — see chagas disease
Trypanosomiasis, african — see sleeping sickness	Ts (tourette syndrome)
Tses (prion diseases)	Tuberculosis (tb) vaccination
Tuberculosis (tb) [mycobacterium tuberculosis infection]	Tuberculosis and hiv coinfection — see tb and hiv coinfection
Tuberculosis skin test — see tb testing & diagnosis	Tuberculosis training — see tb education and training network
Tuberculosis vaccine (bcg)	Typhoid fever vaccination
Typhoid fever [salmonella typhi infection]	Typhus fevers
Ulcerative colitis — see inflammatory bowel disease	Undulant fever — see brucella infection
Unexplained respiratory disease outbreaks (urdo)	Urdo (unexplained respiratory disease outbreaks)
Vaginal candidiasis — see genital candidiasis	Vancomycin-resistant enterococci infection (vre)
Variant creutzfeldt-jakob disease (vcjd)	Variant viruses - see influenza
Varicella-zoster virus infection	Varicella disease — see chickenpox
Varicella vaccination — see chickenpox vaccination	Varicella zoster virus (vzv) — see shingles
Variola major virus infection — see smallpox	Variola minor virus infection — see smallpox
Vcjd (variant creutzfeldt-jakob disease)	Verruga peruana — see carrión's disease
Vhf (viral hemorrhagic fevers)	Vibrio cholerae infection — see cholera

Vibrio illness [vibriosis]	Vibriosis — see vibrio illness
Viral hemorrhagic fevers (vhf)	Viral hepatitis
Viral meningitis [aseptic meningitis]	Vision impairment
Von willebrand disease — see vwd	Vre (vancomycin-resistant enterococci infection)
Vulvovaginal candidiasis — see genital candidiasis	Vvc (genital candidiasis)
Vwd [von willebrand disease]	Vzv (varicella zoster virus) — see shingles
Weight, healthy — see healthy weight	West nile virus infection (wnv infection)
Whipworm infection [trichuriasis]	Whitmore's disease — see melioidosis
Whooping cough — see pertussis (whooping cough)	Whooping cough (pertussis) vaccination
Wildlife, infections from	Winter storms — see extreme cold
Wnv infection (west nile virus infection)	Women's bleeding disorders
Women's health	Xdr tb (extensively drug-resistant tb)
Yeast infection — see genital candidiasis	Yellow fever
Yellow fever vaccination	Yersinia enterocolitica infection — see yersiniosis
Yersinia pestis infection — see plague	Yersiniosis [yersinia enterocolitica infection]
Zika virus infection	Zoonotic diseases from animals — see animal-related diseases
Zoonotic enteric diseases — see gastrointestinal diseases from animals	Zoonotic hookworm
Zoster — see shingles	Zygomycosis — see mucormycosis

Estudios

Able seamen	accountants
accountants and auditors	actors
actuaries	acupuncturists
acute care nurses	adapted physical education specialists
adjustment clerks	administrative law judges, adjudicators, and hearing officers
administrative services managers	adult literacy, remedial education, and ged teachers and instructors
advanced practice psychiatric nurses	advertising and promotions managers
advertising sales agents	aerospace engineering and operations technicians
aerospace engineers	agents and business managers of artists, performers, and athletes
agricultural and food science technicians	agricultural crop farm managers
agricultural engineers	air traffic controllers
aircraft body and bonded structure repairers	aircraft cargo handling supervisors
aircraft engine specialists	aircraft launch and recovery officers
aircraft launch and recovery specialists	animal scientists
animal trainers	anthropologists
architectural and civil drafters	architectural drafters
architecture teachers, postsecondary	archivists
art directors	audio and video equipment technicians
audiologist	audiologists
audio-visual collections specialists	auditors
bailiffs	bakers
billing and posting clerks and machine operators	billing, cost, and rate clerks

biological scientists, all other	biological technicians
biologists	boilermakers
bookbinders	bookkeeping, accounting, and auditing clerks
brattice builders	brazers
budget analysts	buffing and polishing set-up operators
business teachers, postsecondary	butchers and meat cutters
cartoonists	cashiers
casting machine set-up operators	chemical plant and system operators
chemical technicians	claims takers, unemployment benefits
cleaners of vehicles and equipment	cleaning, washing, and metal pickling equipment operators and tenders
clergy	climate change analysts
clinical data managers	clinical nurse specialists
clinical psychologists	clinical research coordinators
clinical, counseling, and school psychologists	coaches and scouts
coating, painting, and spraying machine operators and tenders	coating, painting, and spraying machine setters and set-up operators
compensation, benefits, and job analysis specialists	compliance managers
compliance officers, except agriculture, construction, health and safety, and transportation	composers
computer and information research scientists	computer user support specialists
computer, automated teller, and office machine repairers	computer-controlled machine tool operators, metal and plastic
concierges	conservation scientists
construction and building inspectors	construction and related workers, all other
construction carpenters	construction drillers

construction laborers	construction managers
continuous mining machine operators	control and valve installers and repairers, except mechanical door
conveyor operators and tenders	cooks, all other
cooks, fast food	cooks, institution and cafeteria
cooks, private household	cooks, restaurant
cooks, short order	cooling and freezing equipment operators and tenders
copy writers	coroners
correctional officers and jailers	correspondence clerks
cost estimators	costume attendants
counseling psychologists	counselors, all other
counter and rental clerks	counter attendants, cafeteria, food concession, and coffee shop
couriers and messengers	court clerks
court reporters	court, municipal, and license clerks
craft artists	crane and tower operators
creative writers	credit analysts
credit authorizers	credit authorizers, checkers, and clerks
credit checkers	criminal investigators and special agents
criminal justice and law enforcement teachers, postsecondary	critical care nurses
crossing guards	crushing, grinding, and polishing machine setters, operators, and tenders
curators	custom tailors
customer service representatives	customer service representatives, utilities
customs brokers	cutters and trimmers, hand
cutting and slicing machine operators and tenders	cutting and slicing machine setters, operators, and tenders
cutting, punching, and press machine setters, operators, and	cytogenetic technologists

tenders, metal and plastic	
cytotechnologists	dancers
data entry keyers	data processing equipment repairers
data warehousing specialists	database administrator
database administrators	database architects
demonstrators and product promoters	dental assistants
dental hygienists	dental laboratory technicians
dentists, all other specialists	dentists, general
dermatologists	derrick operators, oil and gas
design printing machine setters and set-up operators	designers, all other
desktop publishers	driver-sales workers
drywall and ceiling tile installers	electrical and electronic inspectors and testers
electronics engineering technicians	engineers, all other
epidemiologists	exhibit designers
explosives workers, ordnance handling experts, and blasters	fabric menders, except garment
fallers	family and general practitioners
farm and home management advisors	farm and ranch managers
farm equipment mechanics	farm labor contractor
farm labor contractors	farm, ranch, and other agricultural managers
fine artists, including painters, sculptors, and illustrators	fire fighters
fire inspectors	fire inspectors and investigators
fire investigators	first-line supervisors-managers of production and operating workers
first-line supervisors-managers of retail sales workers	first-line supervisors-managers of transportation and material-moving machine and vehicle operators
food and tobacco roasting,	food batchmakers

baking, and drying machine operators and tenders	
freight forwarders	freight inspectors
freight, stock, and material movers, hand	geneticists
geodetic surveyors	geographers
geographic information systems technicians	grips and set-up workers, motion picture sets, studios, and stages
grounds maintenance workers, all other	hairdressers, hairstylists, and cosmetologists
hand and portable power tool repairers	heaters, metal and plastic
heating and air conditioning mechanics	heating equipment setters and set-up operators, metal and plastic
helpers--roofers	highway maintenance workers
highway patrol pilots	historians
hospitalists	immigration and customs inspectors
industrial ecologists	industrial engineering technicians
insurance policy processing clerks	insurance sales agents
judicial law clerks	keyboard instrument repairers and tuners
kindergarten teachers, except special education	labor relations specialists
librarians	library assistants, clerical
library science teachers, postsecondary	library technicians
license clerks	licensed practical and licensed vocational nurses
licensing examiners and inspectors	life scientists, all other
life, physical, and social science technicians, all other	lifeguards, ski patrol, and other recreational protective service workers
loading machine operators,	loan counselor

underground mining	
loan counselors	logistics managers
loss prevention managers	makeup artists, theatrical and performance
management analysts	managers, all other
manicurists and pedicurists	manufactured building and mobile home installers
manufacturing engineering technologists	material moving workers, all other
materials engineers	materials inspectors
mechanical engineering technicians	mechanical engineering technologists
medical and clinical laboratory technologists	medical and health services managers
medical and public health social workers	medical records and health information technicians
medical secretaries	medical transcriptionists
meeting and convention planners	mental health and substance abuse social workers
metal-refining furnace operators and tenders	meter mechanics
midwives	military enlisted tactical operations and air--weapons specialists and crew members, all other
military officer special and tactical operations leaders--managers, all other	milling and planing machine setters, operators, and tenders, metal and plastic
motor vehicle inspectors	motor vehicle operators, all other
motorboat mechanics	motorboat operators
multi-media artists and animators	multiple machine tool setters, operators, and tenders, metal and plastic
municipal clerks	musicians, instrumental
nannies	nanosystems engineers
nanotechnology engineering technicians	nanotechnology engineering technologists

neurodiagnostic technologists	neurologists
neuropsychologists and clinical neuropsychologists	accounts clerks
non-destructive testing specialists	nuclear engineers
nursing instructors and teachers, postsecondary	obstetricians and gynecologists
occupational health and safety specialists	occupational health and safety technicians
operating engineers and other construction equipment operators	operations research analysts
ophthalmic laboratory technicians	ophthalmic medical technicians
order fillers, wholesale and retail sales	orderlies
ordinary seamen and marine oilers	orthodontists
orthoptists	paper goods machine setters, operators, and tenders
patient representatives	patternmakers, metal and plastic
personal financial advisors	personnel recruiters
pest control workers	pharmacists
pharmacy aides	photoengravers
photographers	physical therapist aides
physical therapist assistants	physical therapists
pilots, ship	pipe fitters
pipelayers	pipelaying fitters
potters	pourers and casters, metal
precision etchers and engravers, hand or machine	precision instrument and equipment repairers, all other
printing press operators	private detectives and investigators
private sector executives	probation officers and correctional treatment specialists
procurement clerks	program directors
proofreaders and copy markers	psychiatric aides
psychiatric technicians	psychiatrists

psychologists, all other	psychology teachers, postsecondary
public relations managers	public relations specialists
public transportation inspectors	purchasing managers
quality control analysts	quality control systems managers
radar and sonar technicians	radio and television announcers
radio frequency identification device specialists	radio mechanic
real estate sales agents	receptionists and information clerks
recreation and fitness studies teachers, postsecondary	recreation workers
recreational therapists	registered nurses
registered nurses	regulatory affairs managers
regulatory affairs specialists	reservation and transportation ticket agents and travel clerks
residential advisors	retail loss prevention specialists
retail salespersons	riggers
risk management specialists	robotics engineers
rolling machine setters, operators, and tenders, metal and plastic	roof bolters, mining
roofers	rotary drill operators, oil and gas
rough carpenters	roustabouts, oil and gas
sailors and marine oilers	sales agents, financial services
sawing machine setters, operators, and tenders, wood	sawing machine tool setters and set-up operators, metal and plastic
scanner operators	screen printing machine setters and set-up operators
sculptors	search marketing strategists
self-enrichment education teachers	semiconductor processors
set designers	sewers, hand
sewing machine operators	sewing machine operators, garment
sewing machine operators, non-	shampooers

garment	
shear and slitter machine setters and set-up operators, metal and plastic	ship carpenters and joiners
ship engineers	shipping, receiving, and traffic clerks
shoe and leather workers and repairers	silversmiths
singers	sketch artists
skin care specialists	slaughterers and meat packers
slot key persons	sociologists
sociology teachers, postsecondary	software developers, applications
soil and plant scientists	soil conservationists
soil scientists	solderers
solderers and brazers	sound engineering technicians
spa managers	special education teacher, secondary school
special forces	special forces officers
speech-language pathologists	speech-language pathology assistants
sports medicine physicians	spotters, dry cleaning
station installers and repairers, telephone	stationary engineers
statistical assistants	statisticians
stock clerks and order fillers	stock clerks- stockroom, warehouse, or storage yard
stone cutters and carvers	stone sawyers
storage and distribution managers	strippers
substance abuse and behavioral disorder counselors	supply chain managers
surgeons	surgical assistants
survey researchers	surveyors
sustainability specialists	switchboard operators, including answering service
tailors, dressmakers, and custom sewers	talent directors

tank car, truck, and ship loaders	tapers
tax preparers	taxi drivers and chauffeurs
teacher assistants	teachers and instructors, all other
team assemblers	technical writers
telecommunications engineering specialists	telemarketers
telephone operators	tellers
terrazzo workers and finishers	textile bleaching and dyeing machine operators and tenders
therapists, all other	tile and marble setters
timing device assemblers, adjusters, and calibrators	tire builders
tire repairers and changers	tool and die makers
tool grinders, filers, and sharpeners	tour guides and escorts
tractor-trailer truck drivers	traffic technicians
train crew members	training and development manager
transportation planners	transportation security screeners
transportation vehicle, equipment and systems inspectors, except aviation	transportation workers, all other
transportation, storage, and distribution managers	travel agents
treasurers, controllers, and chief financial officers	tree trimmers and pruners
truck drivers, heavy	truck drivers, heavy and tractor-trailer
truck drivers, light or delivery services	tutors
typesetting and composing machine operators and tenders	umpires, referees, and other sports officials
upholsterers	urban and regional planners
urologists	ushers, lobby attendants, and ticket takers
validation engineers	valve and regulator repairers
veterinarians	veterinary assistants and

	laboratory animal caretakers
veterinary technologists and technicians	video game designers
vocational education teachers postsecondary	vocational education teachers, middle school
vocational education teachers, secondary school	waiters and waitresses
water and liquid waste treatment plant and system operators	water/wastewater engineers
weatherization installers and technicians	weighers, measurers, checkers, and samplers, recordkeeping
welder-fitters	welders, cutters, and welder fitters
welders, cutters, solderers, and brazers	welding machine operators and tenders
welding machine setters and set-up operators	welfare eligibility workers and interviewers
well and core drill operators	wholesale and retail buyers, except farm products
wind energy engineers	wind energy operations managers
wind energy project managers	woodworkers, all other
woodworking machine operators and tenders, except sawing	Word processors and typists
Writers and authors	

Plantas

Bonsai	Orchid Raising
Terrariums	Food Gardening
Flower Gardening	Hothouse Gardening
Floral Arranging	Hydroponics

Estoy seguro que hay muchos más nichos, pero ponerlos todos en un libro sería una locura.

Por eso se hizo una selección, y creo que tienes más que suficiente para empezar. Es más, mucha de la gente que está leyendo este libro no llegarán hacer todos los nichos.

Tienes que poner de tu parte para que esto funcione, no tires la toalla y sigue adelante. Trabaja todos los días, y estoy seguro que estarás vendiendo en unas semanas.

Bueno amigos y amigas, por aquí os pondré mi correo electrónico.

Donde tendréis que mandarme un mail para que os pueda mandar las plantillas más utilizadas para las portadas.

También os mandaré cinco interiores ya diseñados de 150 hojas, para que no tengáis que molestaros en diseñarlos vosotros.

También os mandaré mi hoja de Word, la que yo uso. Para que lo tengáis todo ordenado.

Unos archivos de Power Point con las medidas mas usadas ya creadas para que no tengáis que maquetar nada, solo poner las imágenes.

Una hoja para vuestro planner semanal.

Y si todavía quieres aprender y profundizar mucho más, con la compra de este libro automáticamente tienes un descuento en mi curso, te lo mandaré por mail.

Video presentación del curso:
https://www.youtube.com/watch?v=tF6j3fyCqqI

Link al Curso: https://mundo-kdp.thinkific.com/

Tendrás media hora de mentoría conmigo, para que puedas preguntarme todas las dudas que tengas. Aquí la única condición es que tienes que tener el libro y el curso.

Un estudio de una palabra clave con el programa Rocket, totalmente gratuito, solo tienes que decirme la palabra clave que te gustaría para hacerte el estudio. Te mandaré las palabras clave, y las mejores categorías para esa palabra clave (en un Excel)

Os voy a dejar por aquí los enlaces de los programas que yo he usado, aunque ya los puse anteriormente los pongo otra vez.

Book Bolt.
https://bookbolt.io/252.html

Con este codigo tenéis en 20% de descuento.
Codigo: mundoKDP

KDP Rocket.
Aquí dejo el enlace por si lo queréis comprar.
https://ocastellanos--rocket.thrivecart.com/publisher-rocket/

APP
Keyword Surfer
AMZ Suggestion Expander
DS Amazon Quick View
Descarga de vectores y fotos:

https://www.vecteezy.com/
https://www.freepik.es/
https://iconmonstr.com/
https://designbundles.net/
https://www.creativefabrica.com/
https://pixabay.com/
http://www.everystockphoto.com/
https://www.stockvault.net/

Web's para coger ideas de diseños.

Ver lo que más se vende, También pondré las web's que utilizo para hacer investigación de nichos, que son las mismas.

https://www.amazon.com/
https://www.pinterest.es/
https://www.etsy.com/
https://trends.google.es/
https://www.zazzle.es/
https://www.teepublic.com/

El correo en mundokdp@gmail.com
El grupo de Facebook es:

https://www.facebook.com/groups/1574592566178905/
Mundo KDP en Español - Libros de Bajo Contenido.

Aquí podrás encontrar mucha gente que está empezando o que ya tiene una trayectoria en el mundo de KDP. Ya sea con libros de contenido como de bajo contenido.

Espero de corazón, que este libro te ayude a llegar a todas las metas que te proponas. Un saludo.

www.ingramcontent.com/pod-product-compliance
Lightning Source LLC
Chambersburg PA
CBHW052357220526
45465CB00003BB/1140